トピック学習で話し合う力を育てる

子どもたちとつくり上げた6年間の軌跡

廣口知世・山元悦子 著

新評論

まえがき

「子どもの側からの学びをつくりたい」という思いから、子どもたちを惹きつけるような、国語科の教材開発には力を入れてきました。だからでしょう、単元の導入段階では、子どもが盛り上がっていたこともあります。でも、学習が進むにつれて、子どものつまらなそうな顔が目に入り出したのです。実際に授業を展開する段階では、発問することで何とか盛り返そうとは試みましたが、改めて考えると、その行為は本質的な授業づくりではなかったような気がしています。

悶々とした日々を送っていたある日、子どもたちの言動を耳にして不思議に思いました。休み時間には仲良く話している子どもたちなのですが、授業中の話し合いにおいては仲が良いような感じがしなかったのです。一人が一生懸命話をしているのに、もう一人のほうはというと、その話をほとんど聞いていなかったのです。

このとき、「遊びでは仲良しであっても、『話し合い』ができるわけではないんだ」と気付きました。

この「気付き」が理由で、それまでの自分の授業を振り返ってみました。確かに、子ども同士の対話を活性化することについてはあまり考えていませんでした。それどころか、話し合いのスキルについては、子どもの交友関係をベースにした自然な形での習得に頼っていたというのが本当のところです。

要するに、仲が良いなら話し合える、成長すればいずれ話し合えるようになる、と思っていたわけです。だから、話し合いに関する授業や指導にたいして力を入れてこなかったのです。

たぶん、「子ども対教材」や「子ども対教師」といった授業づくりをしていたのでしょう。もっと「子ども相互」という意識をもち、協働的・探究的に学び合う授業をつくりたいと改めて思いました。そのためにも、まずは「話し合い」の力を育むことに力を入れようと考えたわけです。

このような悩みを書いてくれたのは、本書の共同執筆者である廣口知世元教諭です。これを読んだ私（山元悦子・福岡教育大学）は驚きました。なぜなら、私自身が求めていた「学びの姿」と同じであったからです。

すぐさま二人は意気投合し、私が伴走するという形で新しい実践づくりに取り組み、子どもたちの話し合う力を育てるために、本書で紹介する「トピック学習」に取り組むことにしたのです。数年という時間がかかりましたが、「トピック学習」を軸にした、「思考ツールの学習」や「なかよしトーク」など、基底をつくる継続的な取り組みによって構成されるカリキュラムができ上がりました。

足かけ七年にわたって国語科における話し合いの授業づくりに取り組んだこの営みは、現在の教育界から見れば孤軍奮闘の実践かもしれません。それを物語るように、現在廣口は、話し合いの教育実践に関する効果を客観的に証明すべく大学の研究者となって研究を進めるとともに、共鳴する実践者を一人でも増やすことを目的として後進の指導に当たっています。

二人の思いとこれまでの研究結果をベースにして、廣口の教育実践を一冊の本にまとめ、世に問うことになったのが本書『トピック学習で話し合う力を育てる』です。読み進めていただければ分かりますが、実際の授業風景を再現するような形で本書を構成しました。もちろん、私たちは研究者ですので、少しは理論的な説明を行っていきますが、その場合でも、教室という「現場」をふまえた記述を心掛けました。

本書の構成を簡単に述べますと、子どもが追究したいテーマを仲間とともに追い続ける「トピック学習」と、その過程で知識や技能を獲得していくという「スキル学習」などについて説明をしていきます。掲載させていただいたカリキュラム表によって、「一年間×六か年」の学習の進め方が体系的に見えてくるかと思います（第3章の各学年の学習カリキュラム参照）。

「トピック学習」を実践し、実際に子どもの学びを展開させていった廣口は、その成果について次のように語っています。

まず、何といっても、授業における子どもの姿が変わりました。国語科での話し合いの授業はもちろんのこと、ほかの領域や他教科の授業においても同じように変わったのです。話し合いの仕方が分かるようになった子どもたちには、すぐに話し合おうとする姿勢が見られるようになりました。話し合いという活動は、ほかの領域や他教科においても位置づけられますので、「トピック学習」で学んだことをさまざまな授業で応用していきました。

もう一つ、クラスの雰囲気も大きく変わりました。楽しくなった、温かくなったというのもありますが、劇的な変化として、子どもが問題解決に挑んだり、新しいことにチャレンジするといった、覇気のあるクラスになったのです。

たとえば、友達同士でトラブルがあった場合、これまでなら「先生～！」と不満を言いに来ていた子どもが、「○○ちゃんと話し合いがしたいんだけど」とか、時には自分で、「○○ちゃん、話し合って解決せん？」と言うようになったのです。

さらに、「先生、みんなこんなことで困っとる。話し合おうや」と提案する子どもや、「今度、こんなことがしたいから、みんなで話し合う時間を取って！」とお願いをしてくる子どもまで出てきたのです。

「話し合う」ということが日常化したことで、「自分たちのクラスは自分たちでつくる」という意識が芽生えていったように思います。それだけに、私にとって「トピック学習」は、授業やクラスを変える「救世主」のような感じがしました。

クラスにこのような変化をもたらした「トピック学習」では、話し合う力を育てることに力を入れ、年齢に応じた形の「話し合う力」とはどのようなものなのか、年間を通してどのように育てていくのかという道筋を明らかにしようとしています。

本書はその道筋を示したものですが、加えて、子どもたちの話し合う力の系統的な育成について見通しをもち、評価するための指標も提案させていただきました。この指標は、一人ひとりの子どもに寄り添い、それぞれの個性に応じて評価することを念頭に置いた「**診断カルテ**」としても使えると自負しております。

現在、より良い社会を協働して築くための人間性を培うことが求められています（ＯＥＣＤ提唱ラーニングフレームワーク２０３０）。気候変動や紛争など、「待ったなし」と言えるさまざまな問題を抱えた世界に向き合い、仲間とともに話し合いながらグローバルな視点で物事を追究・

解決していく資質や能力が必要とされています。このような時代にあって、求められている資質や能力を育てるのが「トピック学習」です。

今日、学習活動の「要《かなめ》」とされている「対話や話し合い」を、ただ行うだけの活動とはせず、その力をつけ、効果的なものにするためにどのように育てていけばいいのか。また、子どもたちが主体的・協働的に進められる学習活動をどのように立ち上げ、継続していけばいいのか――このような悩みに答えるための具体的な手立てが、本書を読むことで得られると思います。

とはいえ、たった一人の教師が取り組んだ「トピック学習」の「凄さ」をどこまで伝えられているのか、という不安もあります。それゆえ、本書を世に送り出し、みなさまからご意見をいただきたいと思った次第です。ご意見をいただき、それをふまえて改良・改善に取り組み、再び意見交換を行うことによって「より良い姿」を生み出し、現在、教職に就かれているみなさまの一助になればと願っております。

それでは、本書の幕を開けさせていただきます。子ども主体の授業を目指し、生き生きと話し合う子どもたちの姿を願っているみなさま、どうぞ本書をお楽しみください。

（山元悦子）

もくじ

第3章　トピック学習を軸に展開する国語科学習（廣口知世）　45

トピック学習で話し合う力を育てる——子どもたちとつくり上げた6年間の軌跡

第1章

ようこそトピック学習へ

（山元悦子）

探究的学習に取り組む

トピック学習ってどんなもの?

本書で紹介していくトピック学習とは、主体的・協働的な学習を進めるために「子どものやりたいことから立ち上がったトピック（話題・言語活動）」を使って、「話す・聞く・読む・書く活動が有機的につながって展開する」学習のまとまりのことです。

通常、トピック学習は国語科の時間を使って行われますが、学習の当事者性・必要感・やりがい・実効感を重んじているため、話題や言語活動は子どもの学校生活や他教科、そして活動とも密接につながって展開していくという特徴をもっています。また、トピック学習を進める際に必要となる言語スキルを教え、必要感に裏打ちされた、より実効感のあるスキル獲得を目指しているというのも特徴の一つとなっています。

元々、「トピック学習」とはイギリスの小学校で行われている汎教科的な教育課程で行われる学習として使われている名称ですが[1]、それは、日本の「総合学習」を立ち上げる際に注目された学習方法でした。本書ではこの名称を用いてはいるものの、イギリスのそれとは異なり、前述したように、国語科学習において、一つの話題（トピック）をめぐって学習が展開していく形態のことを指しています。

では、なぜこのようなスタイルをとるのでしょうか。その理由は、次のような子どもたちを育てることを目指しているからです。

トピック学習は、今求められている資質能力を育てる

トピック学習では、次のような子どもの姿を目指して、資質や能力を育みます。
・仲間と協力し合いながら、探究的学習を進めていこうとする子ども。
・仲間とともに物語を読みながら、人の生き方やものの見方について自分の考えを広げ、深めていこうとする子ども。
・さまざまな文章やメディアを読みこなし、書き表して、より良い生活を志向し、考え方を高めていこうとする子ども。

トピック学習は子どもの関心から生まれるため、子どもに主体性をもたらします。仲間と協働・対話しながら学習は進み、そのなかで、さまざまなものを読み、書いていくという活動が展

(1)　イギリスにおける「トピック学習」の実態は次の調査報告に詳しい。そこでは、トピック学習は「総合学習」とも称され、多様な実践が整理されている。財団法人教科書研究センター『新しいメディアに対応した教科書・教材に関する調査研究』教科書研究センター、一九九九年。

図1－1　ラーニングフレームワーク2030

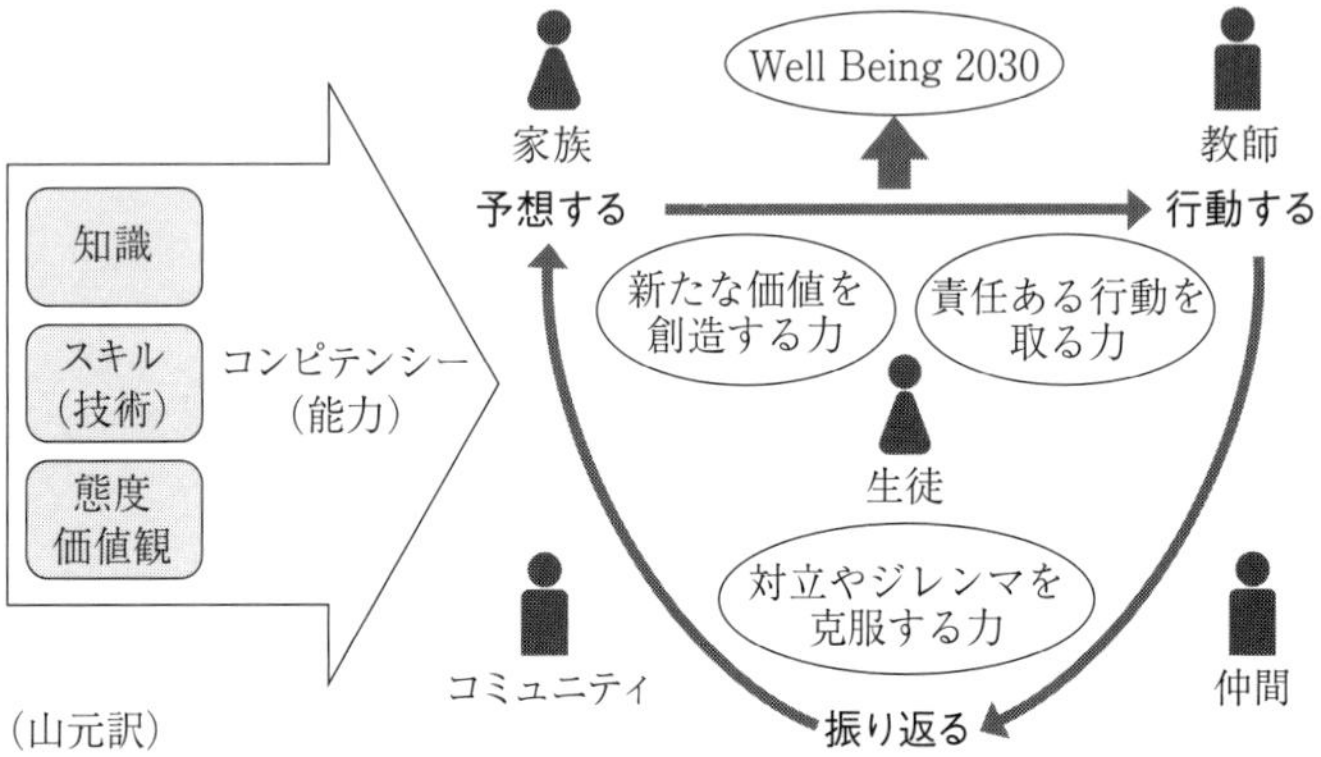

（山元訳）

開していきます。そのような活動を通して、前述したような子どもの姿が実現していくことを目指しているわけです。

ＯＥＣＤ（経済協力開発機構）は、二〇三〇年という近未来において子どもたちに求められるコンピテンシー（資質能力）の構造を「ラーニングフレームワーク２０３０」という図で示しており、三つの力を「変化を起こす力のあるコンピテンシー」として特定しています。その三つの力は、**図1－1**のように説明されています。

❶**新たな価値を創造する力**――個人の思考や作業のみでなく、他者との協力と協働により既存の知識から新しい知識を生み出す力。

❷**対立やジレンマを克服する力**――矛盾した考えや相容れない考えや論理・立場について、それらのつながりや関連性を考慮しながら短期的な視点と長期的な視点の両方をふまえてより統合的な形で考えて行動する力。

❸責任ある行動を取る力——何が正しく、何がまちがっているかといったことに照らして、自分を振り返ったり、自分の行為を評価する力[2]。

言語能力と言語運用力を育てる国語科

国語科は、聞く・話す・読む・書くという「**言語能力**」と、それを使って考えを広げたり、分析したり、創造したりする思考表現活動である「**言語運用力**」を育てる教科です。そして、このような言語行動は、聞き合い、話し合う他者との協働によって行われていきます。トピック学習が育成を目指す資質・能力は、ＯＥＣＤが志向する三つの力と方向性を同じくするものであり、三つの力を「言語能力」と「言語運用力」に落とし込んで捉えたものと言えます。

このような資質能力を育てるための学習には、どのような姿が求められるのでしょうか。それを、トピック学習の「テーマ」、「学習展開のポイント」、「カリキュラム構造」という三つに分けて、以下の節で説明していきます。

（2）　文部科学省初等中等教育課程課教育課程企画室の仮訳を参照。https://www.oecd.org/education/2030-project/about/documents/OECD-Education-2030-Position-Paper_Japanese.pdf

どのようなトピックにすればいいの？——トピック学習のテーマと内容

先にも述べましたように、トピック学習は子どものやりたいことから立ち上がったトピック（話題・言語活動）をめぐって進んでいきます。とはいえ、単に子どもが思いついた話題を無作為に取り上げるわけではありません。そこでは、学習の領域から外れないようにするためのマトリックス（基盤）が必要となります。それを**表1－1**に示しましたので、ご覧ください。

言うまでもなく、「学習指導要領国語編」に示された教科内容を指導するという意識をもつことはもちろんですが、トピック学習におけるテーマ設定では、言語および言語生活を広く見渡して、そこに学習材を見いだそうとしています。つまり、より広い視野から学習材を拾い上げるということです。その理由は、子どもを取り巻く実際の言語生活を見据えて、社会生活に羽ばたく子どもの言語生活全般を豊かにすることを目指しているからです。

掲載した**表1－1**は、言語を指導の対象とする国語科教育で担うべき領域を、「言語」、「言語生活」、「言語文化」の三つの領域で設定し、バランスよくトピックを選定する際の指針となっています。第3章で詳しく説明していきますが、本書に掲載したトピック学習のテーマは次のようになっています。

表1－1　バランスのよいトピック選定のための領域／素材

領域	言語	言葉	言葉の役割・言葉の認識・和語漢語外来語など
		言葉の決まり	文の組み立て
	言語生活	談話生活	あいさつの言葉・敬語・聞く話す・対話・討論など
		書く生活	メモ・観察記録・説明書・報告書・依頼状など
		読む生活	物語・説明文・図鑑・写真集など
		メディア	写真・ポスター・リーフレット・パンフレット・文集・新聞
	言語文化	伝統的文化	カルタ・俳句・民話・ことわざ・古典芸能
		メディア文化	動画メディア・活字＋画像（絵本など）・ラジオ放送

一年生　「こんなときはなんというの」（一学期）
「話し合ってつくろう――『きょだいな　きょだいな』[3] ビッグブック」（二学期）
「話し合ってつくろう――小学校ポスター」（三学期）

二年生　「しつもん名人になろう」（一学期）
「話をつなごう――『2の1図書かん』へようこそ」（二学期）
「話し合って決めよう――一年生のおなやみかいけつたい」（三学期）

三年生　「上手に話し合いをすすめよう――

（3）　長谷川摂子作『きょだいな　きょだいな』福音館書店、一九九四年。

一年生に係活動を教えよう」（一学期）
「考えをまとめる話し合いをしよう――『先生ブック』づくりのために（二学期）
「考えをまとめる話し合いをしよう――三年生の学習教えます」（三学期）

四年生

「学級で話し合おう――わたしたちの学級旗」（一学期）
「ちがう考えでもなっとくできる話し合い――図書館改造大作戦」（二学期）
「話し合いを見つめ直そう――思い出に残る最高の集会の企画を立てる」（三学期）

五年生

「新型コロナウイルスについて知りたいことを話し合おう」（一学期）
「委員会を見直す話し合いをしよう」（二学期）
「新型コロナウイルスについて話し合ったことを発表しよう」（三学期）

六年生

「考えを広げる討論会をしよう」（一学期）
「自分が納得する考えをつくろう――ぼくたちはなぜ、学校へ行くのか」（二学期）
「自分が納得する考えをつくろう――平成から新しい時代へ」（三学期）

このように、一年生では絵本づくりやポスターづくりが、二、三年生では下の学年へ伝えたいことについてのテーマが設定されています。そして四年生では、学級旗づくりや学級文庫の改造、学級集会企画という、クラスをより良くするためのテーマが設定されています。

これが五年生になると、学校の委員会を改善するというテーマになり、子どもの問題意識をより広範囲なものへと広げていき、六年生では、主に社会問題に基づいたさまざまなテーマを討論する機会を設けています。つまり、コロナ禍という時勢を見据えたテーマや、元号が変わる年という時期を見捉えた学習がテーマとなっています。

このように、子どもたちの年齢に応じた関心事項によって、トピック学習のテーマは設定されているのです。

ご覧になってお分かりのように、トピック学習の特徴は、これらの学習によって話し合う力を育てようとしているところにあります。そのため、すべてのトピック学習において、話し合う言語活動が重視されていることが分かります。その理由は、第2章で詳しく述べていきます。

トピック学習による単元展開のポイント

トピック学習の単元展開に定型とされるものはありません。しかし、単元を進めるための「骨格」ともいうべきポイントはあります。これによってトピック学習が本来の真価を発揮することになりますので、重要なポイントとなります。

❶子どもの関心事や興味から立ち上げる

子どもに任せっぱなしにするのではなく、トピックの適時性や、妥当なものであるかを判断するためのマトリックスを教師がもっていることが必要となります。そして、それを念頭に置いた教師の種まき、子どもの関心や興味を喚起する仕掛けが不可欠となります。

❷トピックに関するアイデアを、思考ツールを活用して広げ、価値ある学習へ誘う

子どもたちの思いというものは、初めは漠然としたものです。そのような思いを広げたり、具体的なものに焦点化していく必要があります。それを、教師のリードのもと、学年に応じた思考ツールを用いて行います。

低学年では「イメージマップ」、中学年は「クラゲチャート」、「ベン図」、高学年になると「マトリックス」、「ピラミッド図」、「くま手チャート」などを使用します。

❸学習活動計画は子ども主体で立てる

テーマが決まったら次は学習計画です。何時間の学習なのか、どういう段取りで進めていくのかについて、子どもたちが考えを出し合っていきます。その整理役は教師となります。学習の途中で軌道修正することもありますが、あくまでも学習の主人公は子どもたちであることを念頭に

置いて学習を進めていきます。

❹小グループ活動を中心にした自律的な話し合いで進める学習展開

子どもたちが自分の考えをそれぞれもち、出し合い、検討し合って進めていくという過程では、個人で進めたり、グループで進めたり、全体で検討したりと、いろいろな学習が展開します。あらかじめ教師が定めた活動形態で子どもたちを動かしていくのではなく、低学年のときから自分たちの話し合いを見つめ、より良い話し合いにするためのポイントを自分たちで見いだすという習慣をつけていきます。

自分たちで見つけるというスタイルを積み重ねていくと、学年が上がるにつれて、子どもたちが自律的に話し合うことが可能になります。そうなれば、自分たちが話し合って決めた学習展開で進んでいく学習が可能となります。

❺学びの成果や学んだ技能を生活につなぎ、活かしていく

テーマを追究していく過程で、子どもたちの学んだ言語スキル・話し合いスキルは実生活に活かされるほか、ほかの教科でも活用されるように心がけ、時間をかけて習熟と定着を図っていきます。

図1－2　トピック学習の単元展開

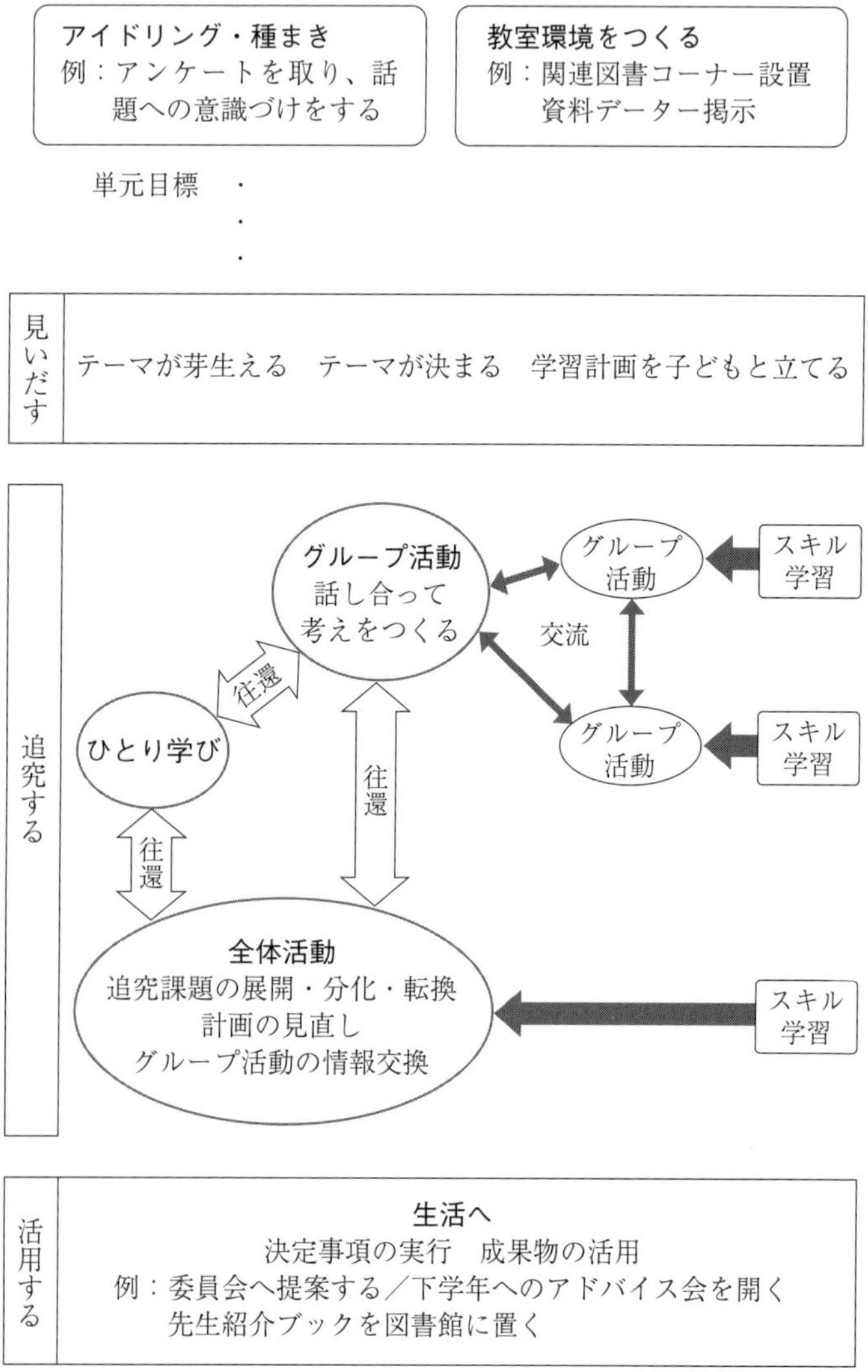
アイドリング・種まき
例：アンケートを取り、話題への意識づけをする
教室環境をつくる
例：関連図書コーナー設置
資料データー掲示
単元目標　・
・
・
見いだす
テーマが芽生える　テーマが決まる　学習計画を子どもと立てる
追究する
グループ活動
話し合って
考えをつくる
グループ
活動
スキル
学習
交流
グループ
活動
スキル
学習
往還
ひとり学び
往還
往還
全体活動
追究課題の展開・分化・転換
計画の見直し
グループ活動の情報交換
スキル
学習
活用する
生活へ
決定事項の実行　成果物の活用
例：委員会へ提案する／下学年へのアドバイス会を開く
先生紹介ブックを図書館に置く

これら五つのポイントは、国語学習を主体的・対話的・協働的に進めたいと願っている教師にとっては自明のことでしょう。また、このような学習展開は、今日標榜されている主体的・対話的な学びの実現に向けて有効なものとなるでしょう。

さて、これらの要件を満たしつつもトピック学習は、テーマや実施学年の違い、実際の子どもたちの実態によって柔軟に姿を変えて展開していくことになります。実際にトピック学習を行った様子については第3章で紹介していきます。トピック学習をイメージしてもらうために、単元の展開を**図1－2**として示しておきます。あくまでも理念的な単元の展開を示したものですが、第3章を読まれる際の参考としてください。

トピック学習を軸に展開する国語科カリキュラム構造

トピック学習は単体として進められるものではなく、学級の話し合う風土づくりや継続して行われている学習と並行して、相互補完的に力を育てていく過程に埋め込まれています。実は、この点が一番重要なところなのです。その構造を示したのが次ページに掲載した**表1－2**です。このカリキュラムは、六つの領域をもっています。各学年における実際の活動の様子は第3章で紹介しますが、まずは各項目の説明をしておきましょう。

表1－2　国語科カリキュラム構造

	1学期	2学期	3学期
○**教室の話し合う風土づくり** ＊話し合いのスキルアップに資する日常的な取り組み			
①言葉			
②言語生活			
③言語文化 物語 説明文			
④メディア			
帯学習「仲間と読むことを楽しむ」、「読んで考えたことを表現する力を育てる」読書会			

教室での話し合う風土づくり

すべての教科学習の土台であるほか、教室の親和的なコミュニケーション状況を生み出すための重要な働きかけとなります。毎日繰り返される学級生活のさまざまなチャンスを捉えて、一緒に学んでいこうとする仲間意識を育てる、他者の考えを受け入れて聞き合う関係をつくる（**他者受容**）、臆することなく自分の考えを話そうとする姿勢を養う（**自己表出**）、互いの力を活かし合う教室づくり（**相互啓発**）といったことを、子どもたちの実態を見据えながら段階的に取り組んでいきます。

日常の教室では、「ここ！」という教育的な瞬間が必ず現れます。教師のほうに、このような子どもに育てたいというビジョンがあれば、そのアンテナに引っかかる事象が教室のなかに生まれたときに「今だ！」という意識が生まれ、働きかけができるものです。

このような働きかけの積み重ねによって、言語コミュニケーション文化が親和的なものになり、「何を話しても受け入れて聞いてもらえる」、「何も話すことなく聞いているだけでも安心できる」教室になります。

そのためにも、教室に「第二の黒板」とも言えるホワイトボードを用意して、突発的な学びのチャンスが現れたときに活用するというのもいいでしょう。そして、その場において学んだことを「話し合いの木」(4)や「ことばの貯金箱」(5)のような場所にため込んでいくのです。

(4)　日常的な話し合いから、話し合うときに使うとよい言葉を取り上げて木の葉の形をした紙に書き、それをどんどん増やしていく掲示物。

(5)　子どもたちから出されたよい表現（言葉）を蓄積し、掲示したもの。

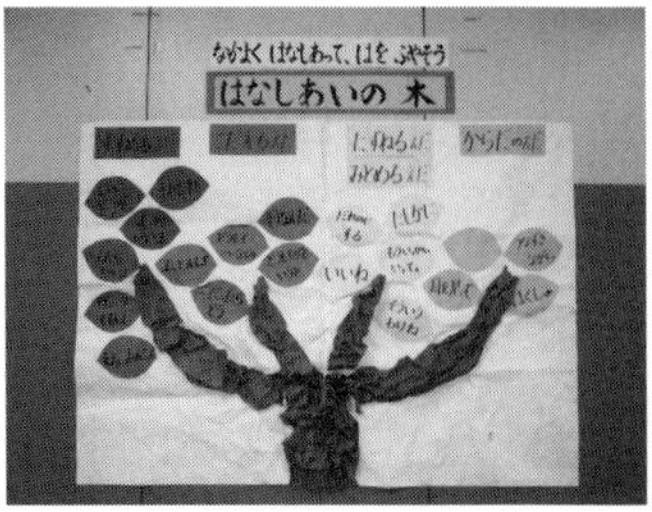

話し合いの木（1年生）

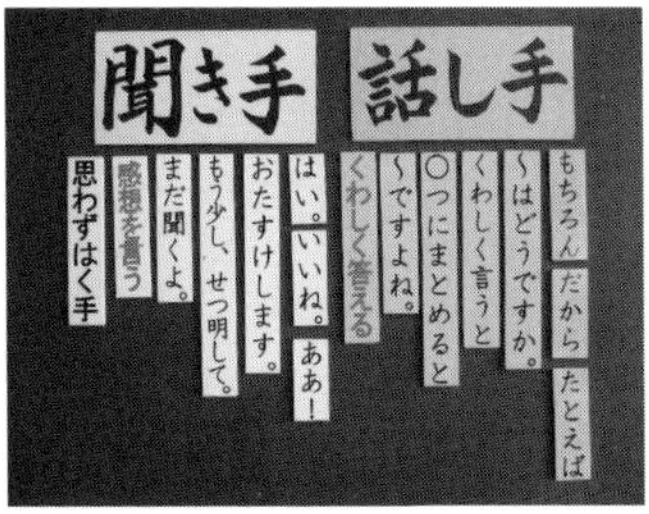

ことばの貯金箱（2年生）

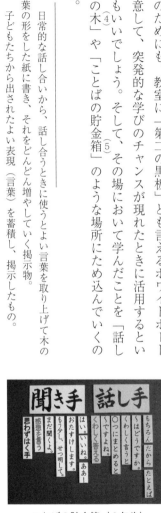

第3章で紹介する実践は、「（話し合い）名人見つけ」や「話し合いの木づくり」という働きかけや、「なかよしトーク」という時間を設けて、教室での「話し合う風土」づくりをベースにして展開していきます。

❶言葉

この領域は、言葉に関する学習を指しています。「朝の会の言葉」、「様子を表す言葉」、「ローマ字」、「漢字の成り立ち」、そして「敬語」など、主に教科書に掲載されている内容の学習となります。

❷言語生活

トピック学習には、この領域にあたるものがたくさんあります。談話生活（聞く・話す）の指導は主にトピック学習のなかで行われ、扱わないものの例としては、スピーチの学習（五年）やポスター発表（四年）などがあります。

また、文章生活（書くこと）の学習では、「は・を・への使い分け」（一年）、生き物紹介冊子（二年）、手紙（三年）、感想文（四年）、新聞づくり（四年）、パンフレット・報告書（五年）、鑑賞文（六年）を書く、といった内容が含まれます。

❸言語文化

・物語、伝記――国語教科書に掲載された教材を扱った学習領域です。
・昔話、民話、俳句、落語――主に国語教科書に掲載された資料をもとにして、言語文化に関する学習がここに含まれます。
・説明文――国語の教科書に掲載された教材を扱った学習領域です。

❹メディア

絵本・写真絵本・絵画・新聞・テレビ・ポスター・パンフレットなど、さまざまなメディアを対象にした読み書きを扱った学習です。

帯学習――「仲間とともに読むことを楽しむ」、「読んで考えたことを表現する力を育てる」読書会

第3章で紹介する実践では、教科書に掲載された作品の学習をもとにして、幅広く物語や図鑑を読んで楽しむという「帯学習」が展開していきます。これは、トピック学習と同じく、仲間とともに協働的に話し合い、考えを広げていく学習となります。それに加えて、自由に考えを伝え合うことの楽しさを体得するための学習となっています。

この学習は、物語を扱った授業で習得した読みの方法を活用する場ともなります。また、言うまでもないことですが、読書に親しむ態度や習慣をねらったものとなっています。

共著者である廣口が実践した授業では、このような六つの領域（「教室の話し合う風土づくり」、「言葉」、「言語生活」、「言語文化」、「メディア」、「帯学習」）からなる国語学習が展開していきます。トピック学習は、主に話し合う力を育てることをねらって設定されたものですが、この学習を支える教室の風土づくりや、話し合いのスキルアップをねらった日常的な取り組みに支えられながら進んでいきます。また、トピック学習で子どもたちに培われた「問いをもちながら学習を進める資質」は、読む学習においても活かされていきます。

このような構造をもっているカリキュラムによる学習の相乗効果によって、目指すべき「子どもたちの姿」に迫ることができるのです。

第2章

トピック学習で育てる話し合う力

協働的学習に取り組む

トピック学習は、仲間とともにより良いものを目指して「問題解決」や「創造過程」を繰り広げていくという学習です。このような学習を行う際に必要となるのが、子どもたちの話し合う力です。

トピック学習では、子どもたちが学習を進める主体となり、自律的に、協働的に学習を展開するように働きかけていきます。そして、そのような学習は、子どもたちが話し合うことによって進んでいきます。ですから、トピック学習は、話し合う力を育てることと不可分な学習となります。言葉を換えれば、トピック学習はテーマ追究の過程で話し合う力を育てることをねらって行われる、と言っても過言ではないでしょう。

では、その話し合う力をどのようにつけていくのでしょうか。そもそも、話し合う力とはどういうものなのでしょうか。本章では、この点について詳しく述べていきます。

話し合う力ってどんなもの?

（山元悦子）

話し合いとは、ある課題や話題について、複数の人たちの間で交わされる発話によって展開するという言語行為です。一定のルールや役割に基づいて話し合う様子は「討論」、「討議」、「協議」と言われていますが、ここでは、少人数（四人から五人）の間で意見が自由に交わされる話し合いを念頭に置いて進めていきます。

望ましい話し合いの土台となるもの

話し合いは社会的な行為であるため、どのような話し合いが望ましいのかという外からの（社会からの）要請によってそのありようは規定されることになります。では、それはどのようなものなのでしょうか。

話し合いは、民主社会を運営していく際の根幹となる活動だと考えています。それぞれが対等な立場で叡智を出し合い、より良い考え、より良い社会をつくっていくために不可欠となる言語活動です。ですから、**話し合いにはメンバーの対等性や協働性が求められるのです**。子どもたちには、メンバーがそれぞれの知恵を出し合ってなか良く、誰も話し合いの輪からこぼれ落ちないようにメンバーが気を配りながら進めていく光景がよい話し合いの姿である、という**理解**をしてもらう必要があります。

また、実りある話し合いの経験を重ねて、**話し合いではさまざまな考えが聞けるし、新しいことを思いつくし、楽しくて価値のある活動だという信念**の形成も大切となります。

これらの理解と信念は、話し合う力の土台となるものです。ですから、教師は指導にあたってこれらを絶えず意識し、**理解**と**信念**が子どもたちに根づくように働きかける必要があります。

話し合いのタイプ

話し合いには、課題に対する結論を得ることを目指す「**問題解決**」と「**合意形成**」のための話し合いと、結論を出さないものの、互いの意見を出し合うことで問題を掘り下げたり、新たな発想を得たりする「**相互啓発**」と「**アイデア創出**」のための話し合いがあります。

前者は、「一年生が困っていることについて解決法を教えてあげよう」とか「地球環境を守るために私たちは何をするべきか、クラスの取り組み五箇条を決めよう」といった課題に関する話し合いとなります。後者は、『ごんぎつね』（新美南吉、偕成社、一九八六年ほか）を読む授業のなかで、「ごんのいたずらは許せるのか」について意見を交換したり、「わがクラスの学級旗をつくろう」というようなテーマでの話し合いとなります。

教師は、このようなタイプの違いを意識しなければなりません。つまり、ただ漫然と話し合い活動を学習に導入するといったことを避ける必要があります。タイプの違いによって、望ましい話し合いの展開が異なるからです。

話し合いに必要とされる能力

話し合うときに頭の中で展開する意識には、次のようなものが考えられます。

図２－１　話し合いに必要とされる能力

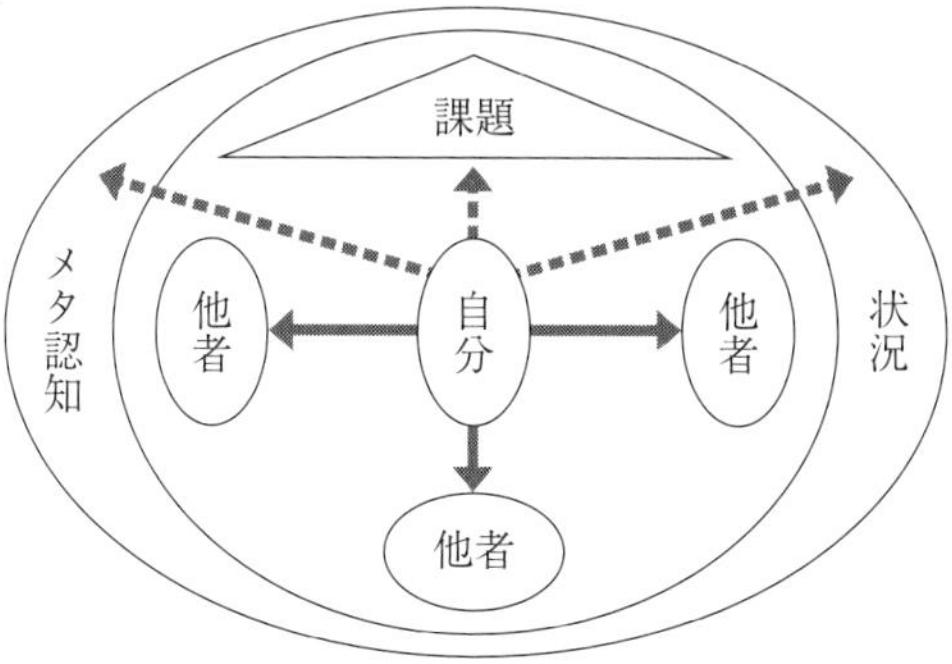

・**対自意識**――自分はどのように思うのか、自分の考えはこうだ。
・**対他意識**――相手はどのように考えているのか。
・**対状況意識**――あと○分で結論を出さなくては……。
・**メタ認知**――この話し合いの目的は○○だ。この話し合いはうまくいってないな。

私たちは、これらの意識を念頭に置いて話し合いを進めていきます。よって、話し合いの能力もこれらの意識によって捉えるほうがよいでしょう。なお、これらの意識を見取る具体的な手がかりは子どもたちの振る舞いや発言となります。それは、次ページに掲載した**表２－１**のような具体的な言葉によって捉えることができます。なお、「見られる姿」として記している❶～❸はレベルを表しています。

このような発言の現れる状況を観察しながら、子どもたちの話し合う力を見取っていきます。

表２−１　話し合う力を見取る指標

		見られる姿　　　　　　　　　(聞こえる言葉)
話す力	自己表出	❶自分の考えをつくることができる。 ❷相手に分かりやすく伝えようとしている（……だけど、どうですか）。 ❸根拠や理由をつけて話すことができる（わけは……）。
聞く力	他者受容	❶受け止めて、分かろうとしながら聞いている（なるほど・もう一回言ってくれる？）。 ❷自分の考えと比べて聞いている（ちょっと似ていて……）。 ❸相手の意見を聞いてつなぎ、発展させることができる（それだったら、次はこうなるね）。
進める力	課題意識	❶課題を意識して考えることができる（今話し合わないといけないのは……）。 ❷筋道を立てて考えを進めることができる（ここから考えてみよう）。 ❸課題を分析して検討できる（何から解決していけばいいのかな）。
	状況意識	❶全員が参加できているか、判断しながら進めることができる（みんなどう思う？）。 ❷話し合いがそれたら軌道修正できる（ちょっとずれていない？）。 ❸話の論点や内容を整理しながら進めることができる（問題を整理しようか）。

また、話し合う力は、個人のなかにある閉じた能力というよりも、話し合う集団の相互作用によって総体として高まっていき、それが個人に還元されて育っていくものと言えます。ですから教師は、実際の話し合う活動のなかで望ましい発言のスタイルを示し、子どもたちのなかから表れるよい発言を称賛し、それがほかの子どもに広まるように働きかけていく必要があります。

話し合いの教材は子ども

たちの姿のなかにあり、それを見いだして導いていく教師によって、全員が総体的に高まっていくことになります。

　話し合う力と話し合いのタイプの成長段階を示した表を示しておきましょう。次ページに掲載した**表２−２**は、話し合う力を「協働的態度」、「話し合いを支える能力（聞く力・進める力・話す力・司会力）」、「方略的知識とメタ認知」で示したものです。そして、話し合いの成長段階を四段階で示し、主に低学年では第１・２段階を、中学年以降では第３・４段階の姿が現れることを想定して作成したものです。

　とはいえ、中学年以降においても、話し合いの指導をこれまでに受けてきたかどうかで第１段階から取り組む必要がある場合もあります。子どもたちの認知発達を考えれば、第３・４段階は低学年だと困難になりますが、これらの段階は、子どもたちの状況に応じてどこを目指すのがよいのかを定める指針としてください。

　二〇一七（平成二九）年に告示された「小学校学習指導要領国語編」のなかで、話し合う力に関する指導事項は以下のようになっています。

―**第１学年及び第２学年オ**――互いの話に関心をもち、相手の発言を受けて話をつなぐこと。

表２－２　話し合いを支える能力と話し合いの成長段階

		第１段階	第２段階	第３段階	第４段階
		話し合いを支える基礎的な態度づくり	**親和的な話し合い**	**協働的話し合い 相互啓発 アイデア創出**	**創造的話し合い 問題解決 合意形成**
協働的態度		自分の考えを進んでみんなに話そうとし、他者の言葉を受け入れる。	自分の言いたいことにとらわれず、相手を受け入れてつないで話そうとする。	協力しながら考えを深め合うために、異なる意見も臆せず出そうとする。	話し合いの方向を的確に捉えて、内容の深まる・まとまる方向で対立を恐れず建設的に発言しようとする。
話し合いを支える能力	聞く力	・相手の話の内容を聞き取る。 ・話に反応を示しながら聞く。	・相手の言いたいことの全体をつかみつつ、**自分の考えとの共通点や相違点を考えながら聞く**。 ・分からないことは進んで尋ねる。	・相手の言い足りないことを補いながら聞く。 ・相手の意見に対して考えを紡ぎながら聞く。 ・相手の話を引き出す質問をする。	・相手の話の妥当性を考えながら聞く。 ・細かい事柄を聞き分けながら必要な情報を選択して聞く。 ・出された意見を分類しながら整理して聞く。
	進める力	**・相手の話につないで話す。**	**・話し合いの目的からそれないように話し合う。**	**・話し合いの流れを意識して計画的に話し合う。**	・話し合いの流れを見通しつつ、**互いの立場や意図を明確にし、出された意見を整理しながら話し合う。**
	話す力	・自分の考えを順序などに気を付けて話す。 ・聞き手の方を見て話す。	・自分の考えの中心点をはっきりさせて話す。 ・聞き手に伝わるように意識して話す。	・理由や根拠をはっきりさせて話す。 ・聞き手の理解を確かめながら話す。 ・相手の気持ちを配慮した反論表現で話す。	・論理的に筋道立てて話す。 ・出された意見を関連づけながら話す。 ・聞き手の理解に応じて話し方を調節する。
	司会力	・司会の役割を知り、朝の会などの機会に簡単な司会ができる。	・みんなが話し合いに参加できるよう気を配る。	・意見の違いを聞き分けながら話し合いが計画的に進むよう気を配る。	・話し合いが深まるように別の見方を提案したり、流れを転換させたりする。

	第1段階	第2段階	第3段階	第4段階
	話し合いを支える基礎的な態度づくり	**親和的な話し合い**	**協働的話し合い** **相互啓発** **アイデア創出**	**創造的話し合い** **問題解決** **合意形成**
方略的知識　メタ認知	・話し合いの基本的な進め方を知り、話し合いのイメージをもつ。	・話し合いの場にふさわしい話し方や尋ね方、話体を知る。 ・意見をつないで話すときの発言の仕方を知る。	・みんなが気持ちよく意見が言えるような場づくりを意識する。 ・話し合いの流れを意識する。	・よい討論についてのイメージをもつ。 ・論理的思考を司る語彙を蓄え、筋道だった発言の仕方を知る。 ・自分の発現の効果をモニターしながら話し方を調節する意識をもつ。
具体的発言例	**賛意**　賛成です。 **反対**　違う考えがあります。 **補足**　助けます。 **質問**　尋ねます。 **まとめ**　まとめます。 **相手の名前を入れて発言する**　○○さんが言ったように……。	**第1段階に加えて** **説明**　分かりやすく言うと……。 **確認**　それは、こういうことですか？ **発展**　○○さんの意見を聞いてこんなことを考えました。 **整理**　二人の意見は、こういう点で似ているね／違っているね。	**第2段階に加えて** **具体化・一般化** それは、たとえばこういうことでしょう。 **修正**　さっきはこう言ったけど、○○とも考えられます。 **条件付き賛成**　あなたの考えに大筋で賛成しますが、この点については○○です。 **集約**　つまり、こういうことではないでしょうか？ **統合**　みんなの意見はこのような共通点でまとめられます。 **【進行に関して】** **まとめ**　今日の話し合いの成果は○○です。	**第2．3段階に加えて意見の多面的吟味**　それはこういう点からいうと○○だし、この点から言うと○○だね。 **意見の条件的位置づけ**　それはこの条件は満たしているけれど、この点からは問題があるね。 **仮説的発展**　もしそうならば、こういうことになりませんか？ **付加**　あなたの考えをさらに進めるとこうなります。 **【進行に関して】** **残された問題の鮮明化**　こういうことは明らかになったけれど、この点は未解決です。

第3学年及び第4学年オ――目的や進め方を確認し、司会などの役割を果たしながら話し合い、互いの意見の共通点や相違点に着目して、考えをまとめること。

第5学年及び第6学年オ――互いの立場や意図を明確にしながら計画的に話し合い、考えを広げたりまとめたりすること。

これらの指導事項は、表中にある強調文字の部分に当たります。学習指導要領の指導事項も組み込みながら、より段階的かつ具体的な言葉で示したのが**表2－2**（前ページ）となります。

（廣口知世）

話し合う力の育て方における失敗談

話し合う力を育てるうえでまず大事にしていただきたいのは、「話し合う力は一朝一夕で育つものではない」という考え方です。「即効性を求めてこの本を読んでいるのに、残念」と思われる方もいらっしゃるでしょう。確かに、子どもたちが一時的に話し合えるようになる練習法もあります。しかしそれらは、教師から子どもにトップダウンで教授されたスキルでしかありません。汎用的なスキルとしては定着しないことが、次のような失敗体験から明らかになりました。

教諭七年目、校内研究会で六年生の公開授業をすることになった私は、国語科の単元「書くこと」の一時間を公開することにし、授業のメインをグループでの話し合い活動にしました。子どもが相互にかかわり合っている場面を見せるには、話し合い活動を設定するのが最適であると考えたからです。

絵画を鑑賞した文章が改善されるように、一人ひとりの文章について四人グループで話し合う場面を公開することに決めてから、さまざまな教科で話し合い活動を取り入れていきました。また、「一人ひとり順番に話す。一人必ず一回は意見を言う。手遊びをしない。話題からそれない」というルールをつくり、話し合い方の練習を重ねていきました。話し合いの内容は深くありませんでしたが、形としての「話し合い」は成立していました。

そして、公開授業の当日を迎えました。たくさんの教師が参観に来られていたという緊張感のなか、練習どおりに話し合い活動を行うグループがほとんどでした。しかし、どうしても忘れることができない数人の子どもの姿があります。

私が「今から話し合いをしましょう」と指示すると、「え？　また話し合わないといけないの？」と怪訝そうにつぶやいた女の子がいました。また、ある男の子は、話し合いの途中で「もう話し合うことは何もない」と言って、同じグループの子どもたちと手遊びをはじめたのです。それだけでなく、そつなく話し合いをしていたと思っていた子どもたちも、「話し合いをやめて、机を元に戻してください」と指示した途端、「はあー」と溜め息をついたのです。

授業が終わってから、「もしかしたら、全員が今日の授業では何も学んでいなかったのかもしれない。話し合いの必要性を感じていなかったのかもしれない」と、恐ろしくなりました。しかし、「話し合いは大切だ」という考えは変わりませんでしたので、公開授業後もさまざまな授業のなかで話し合い活動を設定しましたが、私がつくった話し合いのルールは守られることなく、モグラ叩きのように、一人ひとりを注意していく以外に対処方法はありませんでした。

本当にお恥ずかしい話ですが、教諭になって六年間、私はまともに話し合いの授業研究を行ったことがないにもかかわらず、話し合える子どもだけは育てたいと思い続けてきたのです。その結果、何をどのように指導してよいのか分からないまま、場当たり的に話し合いの指導を行い、話し合いにうんざりする子どもを育てることになってしまったのです。

今考えると、当然の結果と言えます。風土づくり、つまり話し合いの土台となる親和的な教室づくりも意識できていなければ、子どもが「話し合いたい」と思うような話題設定もできていませんでした。どの学年でどのような話し合いのスキルを指導すればよいのかという系統性も考えていなければ、「話し合いは価値ある活動である」という信念形成もできていなかったのです。

当時の私は、話し合いの力は一時的な指導で何とか育てられるという甘い考えをもっていたように思います。私が指導していたのは表面的な話し合いの活動であり、その根本に「**子どもを話し合わせたい**」という教師中心の指導観があったことも否めません。そして、何よりも、「子どもはどのようなことを話し合いたいのか、どのような話し合いができるようになりたいと思っているのか」という子ども中心の「学び観」が欠如していたのです。このことに気付いたのは、それから二年ほどが経ってからです。

このような失敗体験を通して、子どもたちからは、一時的で表面的なトップダウンの指導では汎用的スキルとしての話し合いの力は育たないということを教えられました。そして、あのときの子どもたちに対する申し訳なさと後悔の念が、「話し合う力をどのように育てればよいのか」という「話し合い研究」への道を示してくれたのです。

（廣口知世）

話し合う力を育てるポイント

継続的な学習で

繰り返しになりますが、自身の失敗体験から伝えたいのは、「話し合う力は一朝一夕で育つものではない」という考え方を大事にしていただきたいということです。話し合いの力は、年間を通した継続的な学習指導によって育っていきます。「そんなことは分かっている！」と多くの方が思われることでしょう。しかし、改めて考えてみてください。

現行の学習指導要領によると、国語科の授業時数は各教科のなかでもっとも多く、第一学年で三〇六時間、第六学年で一七五時間となっています。しかし、そのなかで、主として話し合いを指導する時間数は八～一二時間であり、大単元に至っては、各学年一年間に一単元しか位置づけられていないのです。一年のうちに八～一二時間しか話し合いの学習ができないのであれば、その力が十分に育つということはありえません。しかしながら、話し合い活動は、ほかの教科などにおいても重要な言語活動として設定されています。十分な授業時間数が確保されていないのに需要だけは高いのです。

話し合いの力は、こうした矛盾のなかで育成が求められています。ですから、話し合いの力は、単元のみで育てるのではなく、年間を通した継続的な学習指導で育てる必要があるのです。では、どのようにして継続的に指導を行えばよいのでしょうか。

一つ目のポイントは、話し合いの土台となる親和的な教室の風土づくりを意識した取り組みを日常的に行うことです。朝の会、帰りの会、モジュール学習（一単位時間を分割する短時間の学習）、授業への導入など、一五分以内の日常的な取り組みによって話し合いにおける「**情意・技能・認知**」という基盤が育っていきます（**コラム**参照）。詳しくは第4章で述べますが、ただ単に話し合いの時間を設けるだけではその力は付きません。

COLUMN

話し合いの基盤となる三つのキーワード「情意」「技能」「認知」

・「**情意**」とは、話し合いに対する感情と意志のことです。まずは「話し合いたい」という感情が必要となりますが、最初は強くても、時間とともに薄れていくものです。そこで必要となるのが「話し合いを続けよう」という意志です。つまり、感情と意志がそろった状態が「情意」となります。情意をもって話し合いに臨んできる子どもには、「最後まで話し合おう」という主体的な態度が表れます。また、話し合いのあとには「話し合ってよかった」という価値を実感します。
・「**技能**」とは、決まった人数で、ある活動のために、話題に沿って、話の展開や内容を考えながら適切な言葉を選んだり、話を聞いたりする技術のことです。単に言葉を選ぶだけではありません。とくに、「聞く」ことにも技能があることを念頭に置きましょう。
・「**認知**」とは、話し合いの展開や言葉に着目したり、その様子を俯瞰的に見て、話し合いとはどのようなものかと捉えることを指します。話し合いは、自分が主体でありながらも、それを客観視することでより良い方向に展開できます。

話し合いで使われる言葉を意識する

二つ目のポイントです。教師が着目すべき話し合いの言葉と、その機能について把握しておきましょう。これらの言葉と機能は、「**表2－3**話し合いで使われる言葉」（三九、四〇ページ）として示しています。

これらの言葉が把握できていれば、教師は子どもの褒めどころが分かり、子どもの話し合いの力をボトムアップで育てていくことができます。また、話し合いの単元をデザインする際には、「自分のクラスの子どもたちに足りないのはこの機能だから、この言葉を使うことができるようになる授業を考えよう」と、話し合いの目標を設定する際の一助ともなります。

しかし、その言葉を使うようにと、一方的に指導する知識伝達型の学習では話し合えるようにはなりません。話し合いには、「**技能面**」だけではなく、「**情意面**」や「**認知面**」における成長が必要となります。

話し合いをメタ認知する

そこで、三つ目のポイントです。話し合いの単元をデザインする際には、自分の話し合いをメタ認知する学習活動を取り入れてください。メタ認知については、大阪大学名誉教授の三宮真智子が次のように述べています。

メタ認知（metacognition）とは、一言でいってしまえば、認知についての認知です。つまり、自分自身や他者の行う認知活動を意識化して、もう一段上からとらえることを意味します。いわば、頭の中にいて、冷静で客観的な判断をしてくれるもうひとりの自分のようなものです。（三宮真智子『メタ認知で〈学ぶ力〉を高める：認知心理学が解き明かす効果的学習法』北大路書房、二〇一八年、一四～一五ページ）

本書で提案する話し合いの単元学習（第3章参照）は、このメタ認知を促す手だてを講じてい

ます。たとえば、教科書教材を扱うのではなく、自分たちが行った話し合いを文字化した資料を教材としています。教科書に掲載されているような、知らない人が行っている話し合いではなく、自分自身の話し合いを対象化することで自分事となりますし、自覚化を促すこともできます。また、文字化された資料から気付いたことについて、仲間同士で教え合う手だても講じられます。

仲間同士の教え合いでは、なじみのある言葉や表現が使われ、教える側の子どもがまちがった理解の仕方について十分に把握しているため、学習が促進されると言われています。つまり、教え合いによってメタ認知が促されるということです。

このような話し合いの力を汎用的なスキルとして身につけるための、各学年に応じたトピック学習の様子を第3章で述べていますが、こうした話し合いの力をトピック学習のみで活用するには授業時間数が少なすぎます。では、どのようにすれば話し合いの力は活用できるでしょうか。

先に述べたように、日常的な取り組みに活かすことはもちろんですが、本書では、話し合いを通して他者と協働的に文章を読んでいくという「**コラボ読み**」（二〇四ページから参照）を提案しています。これは、トピック学習で学んだ話し合いの力を「読みの学習」に活かすという学習指導法です。どのトピック学習と「読みの学習」をコラボすればよいのかについては、学年段階ごとに、第3章に掲載した、学年段階ごとの「トピック学習を軸に展開する国語科学習カリキュラム」において示していますのでご参照ください。

話し合いの力は、このような年間を通した継続的な学習指導、とりわけトピック学習によって育っていくのです。

（廣口知世）

話し合いで使われる言葉

左の**表2－3**は、話し合いで使われる言葉とその機能を示したものです。七年にわたる子どもの実際の話し合いをICレコーダーや映像で記録し、そこから取り出してまとめたものですから、「事実に基づく話し合いの言葉」となります。話し合いにおける機能の上位項目としては、全学年共通で、「進める・まとめる・広げる・深める」という四項目を設定しています。そして、子どもの具体的な発言を分類・整理し、機能の下位項目を設定しました。

「話し合いで使われる言葉」とその機能を教師が把握しておけば、これらの言葉を子どもが発したときにすかさず取り上げ、価値づけすることができます。また、話し合いの言葉の機能を子どもとともに考え、分類・整理していく学習を行うこともできます。さらに、学習で用いる文字化資料を作成したり、子どもの話し合いを分析したりすることもできます。

話し合いの力というものは見えにくいものですが、このような言葉を使いこなせるようになることが、とりもなおさず力がついていることを表しているように思えます。

表２－３　話し合いで使われる言葉（１年生～６年生）

話し合いの機能の上位項目	機能の下位項目	定義	発言例
進める	切り出し	言い出すもの	分かる人、いる？／私から言ってもいい？／
	全面的賛成	すべてにおいてよいと認め、同意するもの	それがいい。／そうしよう。／賛成。
	譲歩的賛成	自分の考えの一部または全部を取り下げ、同意するもの	それでいい。／譲ってもいいよ。○○さんの考え、いいね。
	許容	そこまではよいとして、認めるもの	～できるね。
	促進	はかどるように発言を促すもの	○○さんは、どう？／理由を聞かせて？／～と思わない？
	共感	他者の考えにそのとおりだと感じるもの	ああ。／そう、そう。そういうことね。／いいね。
	納得	他者の考えを十分に理解して、聞き入れるもの	たしかに。／納得。／なるほどね。
	状況確認	進行の有様を確かめるもの	ここまで、分かる？／結構、進んだね。／そろそろ～しないと。
	注意喚起	気を付けないといけないことを呼びかけるもの	ちょっと聞いて。／文句を言わないよ。
	配慮	心を配って、進行を促すもの	お助けするね。／忘れた？／何でもいいよ？
	転換	別の展開へ進行を促すもの	じゃあ～しよう。／やっぱり～しよう。／とりあえず～しよう。
	理解表示	他者の気持ちや考えを察したことを表すもの	○○さんの言いたいことは／確かに～だけど／分かった。
	意味確認	言葉が示す内容や事物を確かめるもの	～ということ？／～と思ったんだね。／～ってことね。
	感想	心に感じたことや思ったことを表すもの	あっ、本当だ。／わくわくしそう。
	留保	一時、差し控えるもの	とりあえず～しておこう。／まだ決定しないで、～として取っておこう。
	軌道修正	それた話題を戻すもの	話が逸れているよ。／今は賛成意見だよ。／ちょっと前に戻ろう。
まとめる	連結	一続きになるようにつなぎ合わせるもの	～につながるんだけど／○○さんにつなげて／関連して
	類似化	共通点でくくるもの	似ていて／共通点は／これとこれは同じ／似ている考えを集めよう。
	相違化	違いを明らかにして、別個にくくるもの	違って／相違点は／それは似てないよ。／～ではなくない？
	取捨選択	必要なものを選んで残し、不必要なものを捨て去るもの	ＡとＢならどっちがいい？／ここから絞ろう。／多数決をとろう。
	集約	二つ以上のものを集め、一つにくくるもの	合体すると／取り入れると／まとめると／結論は～でいい？
	統合	二つ以上のものを集め、落ち着くところでくくるもの	つまり／結局～ということだよね。／ということは

話し合いの機能の上位項目	機能の下位項目	定義	発言例
まとめる	一般化	共通する性質を抽象し、換言するもの	それは～ということだよね。
	整理	乱れた展開を整えるもの	○つにまとめると／決まったことは／一旦、まとめよう。
	目的意識	一定の目標を達成しようとする状態のもの	目的は～だよね。／最終的には／～するためには
	焦点化	一番重要な点に絞るもの	問題は～ということだよ。／～が大事なんだよ。／これが必要だね。
	条件	内容に関しての前提や制約で精査するもの	条件から考えると／条件は～ということなので
	根拠	考えのよりどころで精査するもの	～と書いているから／～という意見があったから／～は○％だから
	因果	原因と結果でくくるもの	～が原因で、結果として
広げる	提案	実行すべき考えを提出するもの	提案があって／だったら／～しない?／私だったら
	例示	例として詳しく示すもの	たとえば／○○さんが言ったように／具体的に言うと／～とか
	説明	よく分かるように述べるもの	～したことがあって／だって／それに／どうしてかというと
	着意	思い付いたり、ひらめいたりするもの	いいこと、思い付いた。／ひらめいた。／ちょっと考えたんだけど
	反論	他者とは反対の考えを述べるもの	でも／私は反対だよ。
	付加	ある考えにさらに付け加えるもの	しかも／付け加えて／さらに
深める	質問	分からない点や疑わしい点について問いただすもの	どうして?／質問があって／どういうこと?どんな～?
	仮定	未定のものを仮に定めるもの	もし／○○が△△だとして
	消極的吟味	否定的に、念入りに調べるもの	それだったら～はいらなくなるよ。／～したからって～だとは限らないよ。
	積極的吟味	能動的に、念入りに調べるもの	もう一度、～し直そう。／～を考えよう。／～できたら
	根底的検討	考えの根本に戻って、妥当性を考えるもの	そもそも／～についてもっと掘り下げよう／～の必要性って?
	問題提起	問題を投げかけるもの	疑問があって／これって、どうなんだろう?
	仮説的発展	仮に立てた説を進めて考えるもの	○○さんの意見だったら～になっていたよね。
	多面的検討	一つの物事の多様な側面を考えるもの	メリットとデメリットは
	多角的検討	一つの物事を多様な視点から考えるもの	○○にとっては／○○の視点では／○○の立場からしたら

話し合う力をどのように評価するの？——評価する際の考え方（山元悦子）

話し合う力というものは捉えにくいものです。話し方（スピーチ）の評価であれば、「聞き手に届く声で話す」、「問いかけ表現を入れて話す」など具体的な評価項目が浮かんできますが、話し合いの評価をどのようにすればいいのかについては「見当もつかない」という人もいることでしょう。ここでは、分かりにくい「話し合う力」に関して、その達成状態を評価するための考え方と方法について述べていきます。

話し合いはライブ

話し合いは、その場においてライブ感豊かに展開していくものです。よって、即断的な行為であり、状況への依存度が高い活動となります。そのため、あらかじめ設定した指導目標の達成を評価するというトップダウン式の考え方が当てはまらないという性格をもっています。

それをふまえると、あらかじめ何を指導するのかという目標は念頭に置くものの、評価指標の網の目（マトリックス）を用意して、その時々の瞬間に、何が達成できたのかについて一人ひとりを見取っていく必要があります。

子どもたち一人ひとりの今ある状態から育ちを見取る

子どもたちの話し合う力は個性的で千差万別です。そのため、子どもの伸びていく方向性やもっている課題もそれぞれ異なります。ですから、評価指標において、何が達成できているのかも子どもによって違ってくる場合があります。そのため、ある子どもは「これができるようになった」、別の子どもは「この点で成長が見られた」など、それぞれの成長における方向性がつかめる評価を目指す必要があります。

長期的なスパンで見取る

また、一つの単元のまとまりで目標に準じて設定するという評価ではなく、日常的な指導や突発的な出来事（教育的瞬間）を捉えるなど、さまざまな機会において子どもの力が現れた瞬間を捉え、成長過程を長期的なスパンで見取っていきます。

これら三つの方針をふまえて作成したのが、次に示す「評価カルテ」（**表2－4**）です。

まず評価指標ですが、話し合う力は協働的な態度を土台にして「対自己意識」、「対他意識」、「課題意識」、「状況意識」、「メタ認知」によって構成されると先に述べました。そのため、評価にも「協働性」、「自己表出」、「他者受容」、「状況意識」（メタ認知）を指標として設けます。

表2－4　評価カルテ

		見られる姿（聞こえる言葉）		氏名		氏名	
				4月	7月	4月	7月
協働性		・話し合いに興味をもっている。	全学年	◎	◎	○	◎
		・積極的に尋ねたり、話したりしている（もう一回言ってくれる？）。		◎	◎	△	○
話す力	自己表出	・自分の考えをつくることができる。	全学年	○	○	◎	◎
		・相手に分かりやすく伝えようとしている（……だけど、どうですか？）。		△	○		△
		・根拠や理由を付けて話すことができる（わけは……）。		△	◎	◎	◎
聞く力	他者受容	・受け止めて分かろうとして聞いている（なるほど・もう一回言ってくれる？）。	全学年	○	◎	○	○
		・自分の考えと比べて聞いている（ちょっと似ていて、……）。		△	○		○
		・相手の意見を聞いてつなぎ、発展させることができる（だったらこうなるね）。					△
進める力	課題意識	・課題を意識して考えることができる（今考えないといけないのは……）。	中高学年中心	△	△		○
		・筋道を立てて考えを進めることができる（この点から考えてみよう）。			△		○
		・課題を分析して検討できる（何を考えないといけないのかな）。					
	状況意識	・全員が参加できているか判断しながら進めることができる（みんなどう思う？）。	高学年中心	◎	◎		◎
		・話し合いがそれたら軌道修正ができる（ちょっとずれてない？）。		○	◎	○	◎
		・話の論点・内容を整理しながら進めることができる（問題を整理しようか）。			△	○	○

ある到達目標にすべての子どもが達成したかという見取り方ではなく、一人ひとりの子どもを指標に沿って見た場合に、「どの段階にあるのか」を判断していくことになります。この評価指標は、四人程度の小集団の話し合い活動において、四つの段階「◎：よく見られる」、「○：時々見られる」、「△：話し合いの課題によっては見られる」、「空欄：見たことがない」によって判断しますが、先にも述べたように、一時間や一単元というスパンではなく、長期的なスパンで、評価カルテに示した姿が見られるたびにチェックしていくようにします。

表2-4では、便宜上、四月と七月に評価が記入できるようにしてありますが、常に用意しておき、ある学習で見かけた子どもの姿を捉え、それが定着していったかどうかを評価していきます。管製の評価に慣れきっている方々にはとまどいもあるでしょうが、日々成長する子どもたちの姿を追いかけることになりますから、やってみると「結構楽しい」と感じられるはずです。

この評価カルテによって、教師が子ども一人ひとりの成長を見取り、次に伸ばすべき方向を確認していくわけですが、このような「網の目」を教師がもてば、ぶれない、確かな指導ができるようになるでしょう。逆に言えば、子どもを見取る感性が教師に問われることにもなります。授業だけでなく、日常の学校生活すべてを通して、この「網の目」を意識して子どもを見取っていきましょう。

第3章

トピック学習を軸に展開する国語科学習

（廣口知世）

親和的・協働的・創造的に話し合う

一年生の学習

話し合いって楽しいな

単元　話し合ってつくろう「きょだいなきょだいな」ビッグブック

一年生の実態

学校生活に不安のある一年生は、まず教師とのつながりを求めます。そして、教師とのつながりができると、今度は友達とのつながりを求めることになりますが、言葉で自分の気持ちをうまく伝えるのが難しく、ぶつかり合う場面が増えてきます。しかし、そのような経験のなかで友達を意識するようになり、相手の気持ちを考えたり、思いやるようになっていくのです。

一年生の実態は、次のように整理することができます。

❶学校生活に根を下ろす段階であり、自分中心の世界で楽しむ。
❷自分の思いや考えを適切な言葉で表すことが難しい。
❸相手の思いや考えを聞き入れることが難しい。
❹要求のぶつけ合いを通して、相互の存在を意識するようになる。

一年生で育みたい話し合いの力

このような実態が理由で、一年生では、友達との一対一という親和的な話し合い能力の育成を目指すことになります。親和的とは、相手を身近な存在だと感じ、心を合わせる状態です。

一年生は、友達とぶつかり合うことで相手に対して身近な存在だと感じていくわけですが、教師はケンカをしないように話し合うといった指導をしてしまいがちです。しかし、一年生は、互いの要求をぶつけ合ってかかわるという経験をして初めて、自分の考えを臆することなく話し、どんどん話し合ったり、「どうしたらケンカをせずに話し合えるのか」と考えられるようになるのです。

子どもがつまずかないように石を排除するのではなく、むしろ、石につまずいたあとにどうすればよいのかについて考えられるような指導を目指したいものです。そして、話し合いへの抵抗感を取り除き、「話し合うことは楽しい」、「もっと話し合いたい」、「話し合ってよかった」という情意を喚起させていきたいものです。

単元で育みたい話し合いの力

一年生では、一対一の関係で要求のぶつけ合いをしたくなるような授業を念頭に置き、「自分

スター　パンフレット）の読み書き

〈　〉は教科書教材を指す。→は単元相互の関連を指す。
□はトピック学習を指す。

3学期

互いに考えを助け合う教室
【相互補助】

いの木づくり・なかよしトーク・読み聞かせ列車

いちねんせいのうた」　「日づけとよう日」　「てんとうむし」

「ことばであそぼう」　「あつめれ、ふゆのことば」

かたかなをみつけよう」　「かんじのはなし」　「かたかなのかたち」「にている漢字」

書けるようになった」　「昔話がいっぱい」　「いいことといっぱい1年生」

好きなもの、なあに」　「知らせたいな、見せたいな」

楽しんで読もう」
ねらい：登場人物の行動や会話から気持ちを想像して読む。
〈くじらぐも〉

「本とともだちになろう」
ねらい：内容の大体をとらえる。〈ずうっと、ずっと、大すきだよ〉

「お話を楽しもう」
ねらい：登場人物の行動から気持ちを想像して読む。
〈たぬきの糸車〉

「おすすめカードをつくろう」
ねらい：自分がおすすめしたい場面をとらえながら読む。

「比べて読もう」
ねらい：仕事とつくりをとらえながら読む。
〈じどうしゃくらべ〉

「比べて読もう」
ねらい：時間の順序や事柄の順序をとらえながら読む。
〈どうぶつの赤ちゃん〉

「おみせやさんごっこをしよう」
ねらい:客と店員になりきって、やりとりをする。

「話し合ってつくろう　『きょだいなきょだいな』ビッグブック」
ねらい：ペアでわけを話したり聞いたりしながら、言い争わずに話し合う。

「話し合ってつくろう　～小学校ポスター～」
ねらい：ペアでわけを話したり聞いたりしながら、話題に沿って話し合う。

乗り物図鑑を読もう」
らい：「話すこと聞くこと」きな乗り物のお気に入りのつりについて伝え合う。／「読こと」仕事とつくりをとらえがら読む。

「読み広げよう」
ねらい：「話すこと聞くこと」お気に入りの場面について伝え合う／「読むこと」内容の大体をとらえる。
〈人と動物が出てくるお話〉

「動物図鑑を読もう」
ねらい：「話すこと聞くこと」お気に入りの動物の成長を伝え合う。／「読むこと」時間の順序や事柄の順序をとらえながら読む。

表３－１－１　トピック学習を軸に展開する国語科学習カリキュラム　第１学年

トピックの種類　①言葉　②言語生活　③言語文化　④メディア（さまざまな表現媒体　写真　新聞　テレビ

トピックの種類	１学期　　　　　　　　　　　　２学期
教室内の話し合う風土づくり	自分の考えをどんどん伝え合う教室 【他者受容・自己表出】
話し合いのスキルアップに資する日常的取り組み	思考ツール（イメージマップ）の学習・話し合
①言葉	「はる」　「うたにあわせてあいうえお」　「ゆうだち 「あかるいこえで」 「どうぞよろしく」
②言語生活	「なぞなぞあそび」 「はをへをつかおう」 「お話よんで」 「こんなときはなんというの」 ねらい：相手や場面に応じて、話したり応答したりする。
③言語文化 物語	「お話を楽しもう」 ねらい：人物の行動を中心に、想像を広げながら読む。 〈はなのみち〉 「聞いて楽しもう」 ねらい：リズムの面白さを感じて音読する。 〈おむすびころりん〉 「楽しんで音読しよう」 ねらい：登場人物をとらえながら読む。 〈おおきなかぶ〉
説明文	「どんなくちばしかな」 ねらい：問いと説明をとらえながら読む。 〈くちばし〉 「どこに何がいるのかな」 ねらい：問いと答え、事柄の順序に気を付けて読む。〈みいつけた〉
④メディア	「お話よんで」 ねらい：読み聞かせを聴いて思ったことを伝え合う。 「二人でお話しよう」 ねらい：絵を見て気付いたことを伝え合う。 「話し合ってつくろう～なかよしの詩～」 ねらい：相手の話をよく聴いて、話し合う。
「仲間とともに読むことを楽しむ」、「読んで考えたことを表現する力を育てる」読書会	「読み広げよう」 ねらい：「話すこと聞くこと」好きな登場人物について伝え合う／「読むこと」登場人物をとらえながら読む。 〈外国のお話〉

表3－1－2　親和的な話し合いの要素

親和的な話し合いの要素	内容	具体
技能	形態	ペアでの話し合いができる。
	話題	「どんな続き話にするか」という話題で話し合いができる。
	言語活動	「『きょだいなきょだいな』ビッグブックづくり」という目的から逸れずに話し合いができる。
	展開の仕方〈機能〉	わけを用いて話し合いができる。
	思考の仕方〈内容〉	相手の考えに自分の考えをつなぐことができる。
認知	展開に関すること	「どの言葉が『なか良し』の話し合いの言葉かな」と考えて、話し合い全体を捉える。
	言葉に関すること	「相手の思いが分かる言葉は何かな」と考えて、話し合い全体を捉える。
	話し合いそのものに関すること	わけを話したり聞いたりしたら、相手の思いが分かって楽しいということを捉える。
情意	価値	「話し合ってよかった」と思う。
	態度	友達となか良く話し合う。

の要求を話すことが楽しい。聞いてくれることが嬉しい」という情意が喚起されるような単元をデザインしました。そのなかで、「ペアでわけを話したり聞いたりしながら、言い争わずに話し合える」力を育んでいくことが目標となります。これには、上記のような話し合いの「技能」、「情意」、「認知」が含まれます（表3－1－2参照）。

学習指導要領に即した本単元の目標と評価基準

参考までに、学習指導要領の目標と評価を記載しておきます。学習指導要領（平成二九年度版）では、目標について以下のように記されています。

知識及び技能

・言葉には、事物の内容を表す働きや、経験したことを伝える働きがあることに気付くことができる。（⑴ア）

思考力、判断力、表現力等

・互いの話に関心をもち、相手の発言を受けてつなぐことができる。（A⑴オ）

学びに向かう力、人間性等

・言葉がもつよさを感じるとともに、楽しんで読書をし、国語を大切にして、思いや考えを伝え合おうとする。

一方、評価基準は以下のようになります。

知識・技能

・言葉には、自分の考えを伝える働きがあることに気付いている。

思考・判断・表現

・「〜だから」、「どうして」などのわけを話したり、聞いたりする言葉を使って話し合うよさや、それらを使わない場合の課題を見つけ、自分の考えを話したり聞いたりして、互いが納得できるように話し合っている。

主体的に学習に取り組む態度

・「『きょだいなきょだいな』ビッグブック」を話し合ってつくることに関心をもち、続きの話をつくるという話題に沿って進んで話し合おうとしている。

このような話し合いの力を育むために、絵本『きょだいなきょだいな』（長谷川摂子作、降矢なな絵、福音館書店、一九九四年）を活用し、ペアで話し合って、続きの話をつくるという言語活動を設定しました。

この絵本は、「あったとさ　あったとさ　ひろい　の

学校図書館で読み聞かせをする子ども

っぱら　どまんなか　きょだいな〇〇あったとさ」と「こどもが　100にん　やってきて……」というフレーズが繰り返されており、「きょだいなもの」を想像することが楽しく、続きの話が考えやすいものとなっています。

本単元のゴールは、ペアで話し合って決めた続きの話を絵と文章で画用紙に表し、クラスで取りまとめ、「きょだいなビッグブック」にするというものです。また、でき上がったビッグブックを学校図書館に置いて、全校の子どもに読んでもらったり、一年生自身が読み聞かせをするといった機会を設けると、「話し合ってよかった」という情意が増幅するでしょう。

本単元が生まれるまでの種まき

単元を導入する前に、朝の会や帰りの会、モジュール学習（三四ページ参照）などの時間でこの絵本の読み聞かせをし、「きょだいな〇〇」を想像したり、話し言葉で続きの話をつくったりしていきます。みんなで考えを出し合うわけですが、考えを書いたり、答えを一つに決めたりはしません。「物語の続きを話し合うって楽しいな」という経験が大切なのです。本単元の言語活動をあらかじめ経験するということになりますので、スムーズに単元に入ることができます。

絵本『きょだいな　きょだいな』で続きの話を想像したあと、具体的に単元を展開していくことになりますが、その様子を**表3－1－3**として掲載しましたので参考にしてください。

表3－1－3　単元展開（全5時間）

学習過程	学習のねらい	主な学習活動	指導上の留意点
導入	本単元が生まれるまでの種まき……絵本『きょだいなきょだいな』の読み聞かせ		
	1　絵本『きょだいなきょだいな』を思い出し、ビッグブックをつくる計画を立てる。	1　単元の設定	○絵本『きょだいなきょだいな』の面白かったところや、「こんなきょだいな○○があったらいいな」と思う物を出し合う場を設定する。
	「『きょだいな きょだいな』ビッグブック」をなか良く話し合ってつくろう。		
展開	「きょだいな○○」をなか良く話し合って決めよう。		
	2「きょだいな○○」を考え、試しの話し合いをする。	2　考えの形成、ペアでの試しの話し合い	○「きょだいな○○」のアイデアを一人が二つ考えて、カードに書く場を設ける。
	3「話し合いのサンプル」のなかから、課題を見つける。	3「話し合いのサンプル」の課題見つけ	指導のポイント ○わけの入っていない不十分な話し合いを音声CDと文字化で示す。
	「きょだいな○○」にぴったりの文章をなか良く話し合って決めよう。		
	4　ペアで決めた「きょだいな○○」に合う文章を話し合って決める。	4　ペアでの話し合い	○「つまり」「それなら」「どう思うの」などの言葉を価値づけする。
終末	「『きょだいなきょだいな』ビッグブック」を完成させよう。		
	5　自分たちのページの「きょだいな○○」の絵と文を書く。	5　ビッグブックの作成	○本単元で学んだ話し合いの言葉を復習し、自分たちのページの絵や文を書く場を設ける。

話し合って決める
子どもたち

表3－1－4　教師自作の「話し合いのサンプル」

ひろぐちせんせいと
きむらせんせいの
はなしあい

ねえ、ねえ、
きょだいな○○、
なんに　した？

ぼくね、
きょだいな　ストローと
コップに　したよ。

コップ？ふうん。

ひろぐちさんは、
なにに　したの？

わたしは、ひこうきと
なわとびにしたよ。

そうなんだ。
じゃあ、
きょだいな　なわとびで
いいんじゃない。

ううん。

きまったね。
ぼくたちの
きょだいな○○は、
なわとびにしよう。

単元における指導ポイント

子どもが、わけを用いて話し合う必要性を学ぶためには、第三時の指導がとても重要となります。ここでの指導ポイントを紹介しましょう。

第三時では、話し合いの音声と文字化で、教師自作の「話し合いのサンプル」（**表3－1－4**）を提示することが指導のポイントとなります。サンプルですから、改良の余地がある見本となります。私がつくったサンプルを掲載しましたので参考にしてください。

「話し合いのサンプル」をつくるコツは、次の三つとなります。

一つ目のコツは、敬体ではなく常体の話し合いにすることです。普段は「～だよ」と話しているのに、話し合いになった途端、「～です。～さんはどうですか？」と話すというのは不自然だと思いませんか。本単元での話し合いは、公の話し合いではありませんので、「～だよ。何にした？」などの常体で行います。

さらに言えば、方言を使ってもいいぐらいです。いつもどおりの話し方で話し合っているサンプルのほうが自然ですし、一年生の考えていることがどんどん出てくるでしょう。

二つ目のコツは、発言者の名前を文字ではなくイラストで示すことです。イラストのほうが、目で見たときに分かりやすいからです。発言者を身近な教師にするというのも、子どもを惹きつけるポイントとなります。

三つ目のコツは、わけを表す言葉を入れず、互いに納得しないまま「きょだいな○○」に決めるという展開にすることです。なか良く話し合いをするためには、わけを話したり尋ねたりすることが大切であるということに子ども自身が気付くよう、わざとこのような展開にするわけですが、これについて少し詳しく説明しましょう。

表1－3－4の「話し合いのサンプル」では、きむら先生が話し合いの最後のほうで、「なわとびでいいんじゃない」、「なわとびにしよう」と、ひろぐち先生の考えに賛成しています。しかし、ひろぐち先生は「ううん」と、何か不満足そうです。

このように、自分の主張だけをして、その理由を聞かず、投げやりに物事を決めてしまうという子どもの姿を見たことはありませんか。最終的に自分の考えが通ったとはいえ、話し合いの過程に納得がないと物事はうまく進まないものです。

一年生ですが、このサンプルは合意形成をどのように行うべきかについて考えてもらうものとなっています。合意形成において、理由を明らかにするというのは基本中の基本となります。話し合いのサンプルには、このような意図があるのです。

また、補足ですが、ひろぐち先生の不満足さは文字化のみでは感じ取れないでしょうから、ＩＣレコーダーなどの録音機能を活用して、音声でも提示することがおすすめとなります。

第三時の授業展開を紙上で再現

さて、「話し合いのサンプル」を見聞きして、子どもは、どのようなことを学んだのでしょうか。ここでは、本単元の要となる第三時の授業展開を紹介します。第三時において「主眼」となるのは、以下のことになります。

カードをもとに二人組で自分たちのページの「きょだいな○○」を決めたり、わけを用いていない「話し合いのサンプル」の音声ＣＤと文字化から、わけを用いて話し合うよさに気付く活動を通して、互いが納得するように話し合えるようにする。

準備するものは、白紙のカード（新しいアイデアを書く用）、「話し合いのサンプル」（文字化の掲示物・音声ＣＤ）、話し合いの振り返りシートです。

さて、第三時の授業のはじまりです。子どもの机の上には、自分が考えた「きょだいな○○」が書かれたカードが二枚置かれています。ペアだと、そのカードが四枚あることになります。

前時までに子どもたちは、この四つのアイデアのなかから一つに決めるための「試しの話し合い」を行っていますが、その終わり方は、ジャンケン、「せーの」で指さし、ケンカなどさまざまなものでした。それをふまえて、まずは「今日はどんなことがしたい？」と子どもたちに尋ねてみましょう。

子どもたちが、次のように言ってきました（子どもの名前はすべて仮名）。

渡辺　前の時間は、言い合いになっちゃった。
山中　ぼくたちは、時間がなかったからジャンケンで決めたよ。
中野　ジャンケンで決めるのは、違うんじゃない？
堀田　もっとちゃんと話し合って、なか良く決めないと。

子どもたちの発言をまとめたうえで、私の授業では「『きょだいな○○』を二人でなか良く話し合って決めよう」という「めあて」が決まりました。

「めあて」が決まったら、「実は、ひろぐち先生（授業者）ときむら先生も『きょだいな○○』

を話し合って決めたんだよ。なか良く決まったから、見てみてね」と言って、「話し合いのサンプル」の掲示物を黒板に貼り、音声ＣＤを流します。子どもたちには、「なか良く話し合って決めたいけど、その方法が分からないとか、早くその方法を知りたい」という気持ちがあるわけですから、食い入るように掲示物を見て、静かにＣＤに耳を傾けます。

ＣＤが終わったら、「ほらね、なか良く決まったでしょ?」と語りかけて、子どもを揺さぶります。子どもたちは口々に、「全然、なか良しじゃない」とか「おかしいところがある」などと発言することでしょう。すぐに誰かを指名したくなりますが、ここは我慢をして、ペアで「どこがおかしいのか」、「どうしておかしいのか」について話し合う時間を設けてください。ペアで話し合うことで、考えが整理されたり、理由が明らかになったりしていきます。

ペアでの話し合いのあと、クラス全体での話し合いに入ります。次のようなやり取りがはじまりました。

野口　きむら先生が「そうなんだ。じゃあ、きょだいななわとびでいいんじゃない」って言ったあと、ひろぐち先生の「ううん」って心配そうな声がして、その後、きむら先生はすぐ、「きまったね。きょだいななわとびにしようや」って言ったから……。

土屋　でも、まだ決まってないと思う。

柴田　「ちょっと待って。もうちょっとよく考えよう」って言ったら、自分の意見が「ううん」ってならないと思うよ。
土屋　そうよね、柴田くん。私も、そう思うよ。
小林　いつもぼくたちに言っている言葉を言うのを、ひろぐち先生が忘れてるよ。
教師　小林くん。どういうこと？
小林　「どうしてコップにしたの」とか「どうしてなわとびと、ひこうきにしたかというと」とか、ちゃんと、どうしてかという「わけ」を言ってから「それ、いいね」と言うと、ちゃんと決まる。「わけ」を言って決まったら、それがちゃんとした「決まり」になる。
教師　なるほど。
黒木　それに、きむら先生は「コップにしたよ」って言ったのに、ひろぐち先生はどうして「いいね」とか言わなかったんですか。

最終的には、授業者である私が子どもに叱られることになってしまいました。それにしても、教師の言葉を子どもたちが普段から聞いている様子がこのやり取りからよく分かります。いつも私は、「わけをいうことが大事だよ」とか「『いいね』ということが大事だよ」と子どもたちに言っていたのでしょう。だから子どもたちは、サンプルのなかの私ときむら先生がわけを用いていいないことに気付き、「共感していない」という私の足りなさを注意したわけです。

また、「ちゃんとした『決まり』」というものが、一年生にとっては大切であることも分かります。これはまさしく、納得のある合意形成と言えます。

このような子どもの発言を受け止めて、教師が「『いいね』って認め合って、わけを話したり尋ねたりして、ちゃんとした『決まり』にしていくことが大事なんだね」と言って、話し合いをまとめます。そのうえで、「じゃあ、みんなは、前の時間の話し合いではちゃんとした『決まり』ができていたんだね？」と揺さぶります。

ジャンケンで決めていた子どもの、ばつの悪そうな顔が浮かんできます。そこで、「じゃあ、もう一度、わけを言ったり尋ねたりして、なか良く話し合ってみようか」と語りかけ、残りの時間はペアでの話し合いをやり直すわけです。時間が足りなければ、次の時間に持ち越してもよいでしょう。

さて、授業も終盤、学習を振り返ります。子どもが次のように言っていました。

「今日は、ジャンケンをしないで、がんばって話し合いました」
「わけをちゃんと言ったら、Ａちゃんが、『そうなんだ』って言ってくれてうれしかったです」
「まだ、ちゃんとした『決まり』になってないから、もっと話し合いがしたいです」

学習の成果――ペアでの話し合いの変容

さて、わけを用いて話し合うよさに気付いた子どもたちの話し合いはどのように変わったでしょうか。ここで紹介する浦野さんと大石さんは、第二時における「試しの話し合い」では、「『せーの』で指差し」をして、考えが書かれた四枚のカードのなかから「きょだいなケーキ」に決めようとしていました。しかし、納得がいかなかったのか、「やっぱりきょだいなモルモットにしよう」などと次々に考えを変え、話し合いの収集がついていないという状態でした。

その二人が、第三時の学習を経て、どのような話し合いをするようになったのか見てみましょう。括弧内は言葉の機能を表しています。

浦野　やっぱり、「きょだいなモルモット」はやめたほうがいいと思う。
大石　どうして？（理由の質問）
浦野　難しそうだから。（理由）
大石　そうだね、難しいかもね。（共感）
浦野　「きょだいなケーキ」もいいと思うけど、一回、書き直してみない？（消極的吟味）
大石　うん。

浦野　あっ、「きょだいな本」はどうかな？（提案）
大石　いいね、「きょだいな本」。（全面的賛成）
浦野　「きょだいな〇〇」にぴったりだもんね。
大石　今、私たちがつくっているのも本だから、「きょだいな本」にしよう。（理由）
浦野　うん。うん。

何ともほほ笑ましい、素直な合意形成だと思いませんか。また、最終的に決めた「きょだいな本」は、二人の最初の考えではないというところがこの話し合いの面白さです。二人は、わけを用いて話し合い、お互いの考えを受け止め合いながら、新たな考えを生み出したわけです。

このように二人は、わけを用いるだけでなく、さまざまな技能を使って結論を出すことができました。しかし、話し合いはそう単純なものではありませんので、どのペアもこのような合意形成ができるわけではありません。ビッグブックをつくるために、最終的にジャンケンや多数決で結論を出すというのも致し方のないことです。ただし、ここでは「初めからそのような手段で結論を出すのはよい方法ではない」ということを学んでいるわけですから、互いに文句や不満が出なくなるまで、十分に話し合ったうえでそれらを行うということが大前提となります。

一生懸命にわけを聞き合って、共感して、新たなものをつくり出そうとする一年生。授業をしていて私は、「大人はどうなの？」と突き付けられたような思いがしました。私たち大人は、物事を決めるときに、考えのわけをよく聞かないまま忖度を働かせて結論を出していないでしょうか。話し合っても無駄、結論はとっくに決まっているのだと諦めて、話し合うことを放棄していないでしょうか。大人である私たちは、このような一年生の姿から話し合いの基本を学ぶ必要があるかもしれません。

学習の成果――振り返り（第五時）から見た子どもの学び

この授業も最後（第五時）となりました。大石さんの「振り返り」を紹介しておきましょう。「**ふたりではなしあって、『きょだいな○○』をきめるのはたのしかったですか**」という問いに対する回答と、その理由です。

> はい。（りゆう）なかなかうまくいかなかったけど、二人ではなしあっていろいろないいことばがつかえたから。

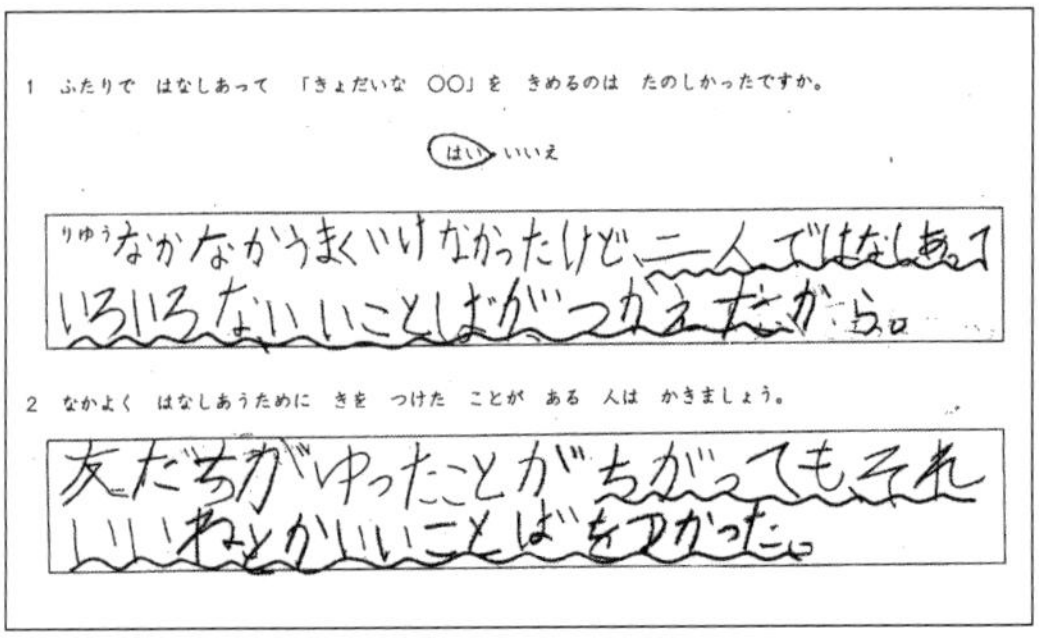
1　ふたりで　はなしあって　「きょだいな　○○」を　きめるのは　たのしかったですか。

はい　いいえ

りゆう なかなかうまくいけなかったけど、二人ではなしあっていろいろないいことばがつかえたから。

2　なかよく　はなしあうために　きを　つけた　ことが　ある　人は　かきましょう。

友だちがゆったことがちがってもそれいいねとかいいことばをつかった。

大石さんの「振り返り」

次は、「**なかよくはなしあうためにきをつけたことがある人はかきましょう**」という問いに対するものです。

> 友だちがゆったことがちがっても、それいいねとかいいことばをつかった。

これを読まれて、どのような感想をもたれましたか。一年生でも、言葉を自覚して話し合えるという希望が湧くのではないでしょうか。「二人ではなしあって」と書いているように、きちんと相手を意識していますし、話し合いの言葉が使えるようになるというのは、子どもにとってもうれしいことなのです。

最後に、浦野さんと大石さんがつくった「続きの話」を紹介しておきましょう。

浦野さんと大石さんの「続きの話」（１ページ目）

あったとさ　あったとさ　ひろい　のっぱら
どまんなか
きょだいな　ほんが　あったとさ
こどもが　100にん　やってきて　ほんの
ページを　ひらいたら
おそらと　ほんに　にじが　でた

「続きの話」を書いている子どもたちの姿、目に浮かんできませんか。自分たちで決めた「きょだいな○○」に自信をもち、笑顔で、なか良く絵や文章を書いているという子どもたちの姿がたくさんありました。このような姿は、絵本を読み聞かせただけでは現れなかったと思います。少なくとも、話し合いについて学び合ったからこそ現れた姿だと私は考えています。

どうですか。子どもたちのこのような姿、実際に自分の目で見てみたいと思いませんか。

浦野さんと大石さんの「続きの話」（2ページ目）

二年生の学習

話がつながるって楽しいな

単元　話をつなごう「2の1図書かん」へようこそ

二年生の実態

二年生になると、仲間を意識しはじめるようになります。「一対複数」という友達との関係づくりを楽しむわけですが、「とにかく何でもやってみたい」と活動する姿がよく見られるようになり、思いを同じにする友達とグループになって遊ぶ場合が増えてきます。しかし、全体的・構造的な思考ができているわけではないので、「見切り発車」で楽しいことに飛びつき、遊んでいるうちにトラブルが発生することも多いです。要するに、仲間で楽しみたいわけですが、その術《すべ》が分からないという状態です。

しかし、そのような経験をするなかで、それぞれの性格の違いを知ったり、グループでなか良く活動するという心地よさを味わっていくことになります。

その実態は、次のように整理できるでしょう。

❶活動的な面が強く、思いを同じにする友達とグループでかかわる。

スター　パンフレット）の読み書き

〈　〉は教科書教材を指す。→は単元相互の関連を指す。
□はトピック学習を指す。

3学期

互いに考えを構築する教室
【相互構築】

なかよしトーク・よい聞き手・音読暗唱（短歌・俳句・名句・名言）

様子を表す言葉」

「気持ちを表す言葉」

「秋の言葉」

「冬の言葉」

夏休みの思い出」

「あったらいいな、こんな係」

「話をつなごう
『2の1図書かん』へようこそ」
ねらい：話がつながる理由を考え、思いや考えを大切にしながらグループで話をつなぐ。

「話し合って決めよう
〜1年生のおなやみかいけつたい〜」
ねらい：1年生の悩みを解決する方法をグループでまとめる話し合いをする。

「民話を読もう」
ねらい：長い話を区切りながら一緒に読み、心に残ったことを表現する。
〈スーホの白い馬〉

音読劇をしよう」
らい：登場人物についての想をもつ。〈お手紙〉

「順序のよさってなあに」
ねらい：事柄の順序を考えながら読む。〈どうぶつ園のじゅうい〉

「筆者と対話しよう」
ねらい：時間の順序や理由を表す言葉に着目して読む。
〈おにごっこ〉

「手作りおもちゃの説明書を書こう」
ねらい：説明の順序を考えて、文章を書く。

シリーズの本を読もう」
らい：「話すこと聞くこと」リーズを通して登場する人の好きなところについて話つなぐ／「読むこと」シリーの特徴や面白さに気付く。
わたしはおねえさん〉
かぎばあさん〉
1年1組シリーズ〉

「読み広げよう」
ねらい：「話すこと聞くこと」民話のおもしろさについて話をつなぐ／「読むこと」民話というジャンルの面白さに気付く。
〈王さまと九人のきょうだい〉
〈とらとほしがき〉

「命についての本を読もう」
ねらい：「話すこと聞くこと」共感したところについての感想をつなぐ／「読むこと」自分や周りの人物と重ね合わせながら読む。
〈おもかげ復元師の震災絵日記〉
〈赤ちゃんが生まれる〉

表3－2－1　トピック学習を軸に展開する国語科学習カリキュラム　第2学年

トピックの種類　①言葉　②言語生活　③言語文化　④メディア（さまざまな表現媒体　写真　新聞　テレビ

トピックの種類	1学期　　　　　2学期
教室内の話し合う風土づくり	互いの考えを聞き合う教室 【傾聴】
話合いのスキルアップに資する日常的取り組み	思考ツール（イメージマップ）の学習・名人見つけ
①言葉	「朝の会の言葉」　「百人一首に取り組もう」 「1年生と話すとき、 出会った人と話すとき」　「春の言葉」　「夏の言葉」
②言語生活	「図書館の本探検」　「学校の春を見つけよう」　「詩をつくろう」 「しつもん名人になろう」 ねらい：広げる質問と深める質問をして、友達のことをよく理解する。
③言語文化 物語 説明文	「音読発表会をしよう」 ねらい：人物の行動が会話を中心に、想像を広げながら読む。 〈ふきのとう〉 「聞いて楽しもう」 ねらい：場面の様子を想像しながら読み聞かせを聞く。 〈いなばの白うさぎ〉 〈三枚のお札〉 「読んだ感想を伝え合おう ねらい：場面の様子を想 し、感想をもちながら読み 考えをまとめて伝える。 〈スイミー〉 「知恵ブックをつくろう」 ねらい：植物の知恵を伝えるのに適切な順序が分かり、理由を考えながら読む。〈たんぽぽのちえ〉
④メディア	「絵本をつくろう」 ねらい：初め・中・ わりのまとまりに分 て、自作の話を書く。
「仲間とともに読むことを楽しむ」、「読んで考えたことを表現する力を育てる」読書会	「読み広げよう」 ねらい：「話すこと聞くこと」友達の考えに共 しながら話し合いの話題について話をつなぐ 「読むこと」物語の展開を予想することを楽しむ 〈ミリーのすてきなぼうし〉〈ミロとまほうの石 〈ぼくのパパはわるものです〉〈魔女のウィニー

❷仲間で工夫して活動することを楽しむ。
❸全体的・構造的な思考は未発達である。
❹仲間全員の賛同を得た考えのみ、実行に移す。

二年生で育みたい話し合いの力

このような実態が理由で、二年生では、互いに考えを聞き合って、どうにかして一緒に考えを構築しようとする親和的な話し合い能力の育成を目指すことになります。二年生は、話の流れをつかんだり、考えをまとめようとする子どもが現れる一方で、なかなか考えが言えなかったり、頑なに自己主張を続けるといった子どもがいるなど、個人差が大きく表れる時期だと言えます。

そして、教師は、発言量の少ない子どもに対して、「自分の考えが言えない子ども」と見なしがちとなります。

しかし、言えないわけではないのです。相手の思いや考えをしっかりと聞いているうちに、発言する機会を逃してしまうというケースが多いのです。だから、無理に考えを言わせるような指導は避けたいものです。むしろ、聞くことは話すことと同じく大切だということを、二年生のときに指導することが大切となります。

「返して、受けて、また返す」という一往復半のやり取りをすることで、話し合いはつながって

表３－２－２　親和的な話し合いの要素

親和的な話し合いの要素	内容	具体
技能	形態	２～４人での話し合いができる。
	話題	「どんな『２の１図書かん』にするのか」という話題で話し合いができる。
	言語活動	「２の１図書かん」づくりという目的からそれずに話し合いができる。
	展開の仕方〈機能〉	つないで話し合いができる。
	思考の仕方〈内容〉	「２の１図書かん」づくりという目的に向かって、相手の考えに自分の考えをつなぐことができる。
認知	展開に関すること	「どこがつながっているかな」と考えて、話し合い全体を捉える。
	言葉に関すること	「話をつなぐ言葉は何かな」と考えて、話し合い全体を捉える。
	話し合いそのものに関すること	話をつないだら友達と長く話すことができて楽しいということを捉える。
情意	価値	「話し合ってよかった」と思う。
	態度	友達となか良く話し合う。

いきます。それぞれの子どもが得意な話し合い方をし、友達のよいところを取り入れて、「話がつながるって楽しいな」という情意を喚起させていきたいものです。

単元で育みたい話し合いの力

二年生では、話をつなぐ必然性があり、考えが構築されていくような授業を念頭に置いて、「話のつなぎ方が分かった。つながるって楽しい」という情意が喚起されるような単元をデザインしました。そのなかで、「話がつながる理由を考え、思いや考えを大切にしながらグループで話をつなげられる」力を育んでいくことが目標となります。これには、前ページに掲載しているような話し合いの「技能」、「認知」、「情意」が含まれています（**表3―2―2**参照）。

学習指導要領に即した本単元の目標と評価基準

参考までに、二年生における学習指導要領（平成二九年度版）の目標と評価を記載しておきます。学習指導要領では、目標について以下のように記されています。

知識及び技能

・言葉には、事物の内容を表す働きや、経験したことを伝える働きがあることに気付くことができる。(1)ア)

思考力、判断力、表現力等

・互いの話に関心をもち、相手の発言を受けてつなぐことができる。（A(1)オ）

学びに向かう力、人間性等

・言葉がもつよさを感じるとともに、楽しんで読書をし、国語を大切にして、思いや考えを伝え合おうとする。

一方、評価基準に関しては以下のようになります。

知識・技能

・言葉には、自分の考えを伝える働きがあることに気付いている。

思考・判断・表現

・話をつなぐ言葉や、話を聴くことのよさについて、自分の考えを話したり聞いたりして、互いが納得のいくように話し合っている。

主体的に学習に取り組む態度

・「2の1図書かん」づくりについて、進んで考えを話したり聞いたりしようとしている。

このような話し合いの力を育むために、「自分たちの教室に小さな図書館をつくるための話し合いをする」という言語活動を設定しました。

図書館が成立するためには、本の選書、ジャンル分け、貸出・返却、お知らせのポスターづくりなどの仕事が必要になります。活動することが好きな二年生は、仕事をすることも大好きです。また、グループで活動することにも楽しさを感じるようになっていますので、教室に小さな図書館をつくるために、仕事を担当するグループで話し合うことが必要となります。

さらに、話し合った仕事を行うことで、物事が達成されていくというワクワク感が芽生えます。そして、全校生徒がお客さんとして自分たちのつくった図書館に来てくれたなら、「話し合ってよかった」という情意が増幅するでしょう。

本単元が生まれるまでの種まき

単元の導入前に、二つの種まきを行います。

一つ目の種まきとして、子どものほうから「友達と話し合って、『2の1図書かん』をつくりたい」という情意が湧くように、これまでの学校生活のなかで子どもが読書にかかわってきたことをピックアップして、図書館をつくるために必要とされる仕事を掲示物に提示しておきます（写真参照）。

私が行った実践の導入では、「いろいろつくり隊」、「本ふやし隊」、「場しょ考え隊」、「読み聞かせ隊」、「全校にお知らせ隊」、「本のお知らせ係」、「じょうほう隊」、「カード隊」、「集会隊」という仕事のグループがすんなりと決まりました。

図書館の「仕事」の掲示物

このなかから、子ども自身がしたい仕事のグループを選んで、話し合いをスタートしてもらいます。一つのグループの人数を三～四人にする必要があるので、人数が偏った場合は教師が調整することになりますが、それぞれの仕事のよさや大切さを語りかけると、一つの仕事にこだわる子どもはあまりいません。すべての仕事のアイデアが子どもから出てきたものであり、「とにかく何でもやってみたい」という気持ちが強いからです。

　そして、自分のしたい仕事のグループになることができた子どもたちは、やる気満々で学習をスタートします。

　二つ目の種まきとして、「話し合いマップ」を使って、話し合うというデモストレーションを行います。「話し合いマップ」とは、模造紙の中央にテーマを書いて、それぞれの考えを鉛筆で書いていくというものです（写真参照）。

　それぞれの考えがつながれば鉛筆で線を引いて結んだり、考えの根拠や理由を書き込んだりしていきます。モジュール

「話し合いマップ」の例

表3－2－3　単元展開（全8時間）

学習過程	学習のねらい	主な学習活動	指導上の留意点
導入	本単元が生まれるまでの種まき……図書館づくりの仕事の紹介、話し合いマップの作成		
	1 「2の1図書かん」づくりで、したいことやできるようになりたいことを決める。	1 単元の設定	○種まきの活動の感想を伝え合う場を設定する。
展開	友達と話をつないで、「2の1図書かん」づくりでしたいことを話し合おう。		
	仕事ごとのグループに分かれて、アイデアを出し合おう。		
	2 アイデアの共通点や相違点を見つけて、分類する。	2 学級全体での話し合い	○一つの付箋に、一つのアイデアを書くように指導する。
	「2の1図書かん」づくりの仕事ごとに取組の内容を話し合って、決めよう。		
	3 話をつなぐことについての問いをもつ。	3 グループによる1回目の話し合い	○グループで一枚の模造紙に、「話し合いマップ」を書く場を設ける。
	4 話のつなぎ技を見つける。	4 話のつなぎ技見つけ	指導のポイント ○自分たちのグループの話し合いの文字化から、話をつないでいる言葉を見つける場を設ける。
	5 話のつなぎ技を生かして話し合う。	5 グループによる2回目の話し合い	○金魚鉢方式で、話し合いをモニタリングし合う場を設ける。
	6 話を聞くことの大切さに気付く。	6 つなぎ技以外の大切なこと見つけ	○あるグループの話し合いの文字化を提示し、黙っている友達が何を考えていたのかを、話し合う場を設ける。
	7 つなぎ技と聞くことを大切にして、話し合う。	7 グループによる3回目の話合い	○話し合えたことを価値づけ、称賛する。
終末	これまでの学習を振り返ろう。		
	8 本単元の振り返りを書く。	8 本単元の振り返り	○本単元でできるようになったことや次にできるようになりたいことを書く。

学習（三四ページ参照）などの時間を活用して、さまざまな話題で「話し合いマップ」を作成するという形で種まきを行います。

話し合いの話題は、第4章で紹介している「なかよしトーク」（一八六ページ）のような身近な話題からはじめるとよいでしょう。「なかよしトーク」による音声言語での話し合いを書くことによって可視化していくというのが「話し合いマップ」の特徴となります。書くことによって思考や言葉の跡を残し、つながりを見つけやすくするのです。

この単元においては、「話し合いマップ」を活用することで、言葉や考えのつながりが促されることが期待できるでしょう。「話し合いマップ」のデモンストレーションを行ったあと、具体的に単元を展開していくことになりますが、その様子を**表3－2－3**として掲載しましたので参考にしてください。

単元における指導ポイント

子どもたちが、話がつながる理由を考え、グループで思いや考えを述べ、言葉をつなぐ話し合いができるようになるためには、第四時の指導がとても重要となります。ここでの指導ポイントを紹介しましょう。

第四時では、第三時の各グループによる一回目の話し合いを文字化したワークシートを全グループ分、一人ひとりに配付します。文字化したワークシートは、話し合いのすべてではなく、話がつながっているところを切り取って作成してください。

「こんなにたくさんの字を子どもが読めるのかな?」と心配になるかもしれませんが、前時に自分たちが話し合った内容ですし、何より、実際の話し合いが文字化されているので子どもたちは興味津々で読みます。そのなかから、話の内容をつなぐための言葉、つまり「つなぎ言葉」を探して囲んだり、その言葉がもつ機能を書き込んだりするのです。

そして、クラス全体で「つなぎ言葉」を整理して「つなぎ技」として掲示物にすれば、「言葉の宝」として残り、今後の話し合いに活かされることになります。ただし、「つなぎ言葉」を整理するためには、教師が各グループによる一回目の話し合いを事前に分析して、子どもたちがどのような言葉を使っているのか、それがどのような機能をもっているのかを把握しておくことが重要となります。この事前の分析で役立つのが、**表2－3**として示した「話し合いで使われる言葉（一年生から六年生）」（三九〜四〇ページ）ですので、参考にしてください。

さて、「場しょ考え隊」が行った一回目の話し合いのワークシートを紹介しましょう。「場しょ考え隊」の一回目の話し合いから、話がつながっているところを切り取って作成したものです。実際のワークシートでは、発言者と発言の内容が結び付くように、文字の色を発言者ごとに変えています。また、漢字は既習のものだけを使用しています。

やはり、「二年生の子どもが、このような話し合いの文字化を読むのは難しい」と思われますか？　私が行った実践では、先にも述べたように、すべての子どもが、それこそのぞき込むようにして自分たちの話し合いを読んでいました（子どもの名前はすべて仮名）。

場しょ考え隊（一回目の話し合い）

北野　何の仕事する？　まず……。
竹下　（黙って「話し合いマップ」に「読書をするばしょを考える」と書く。）
杉田　読書カフェ（カフェのように人が集まって読書をする空間）はどうかな？
北野　ああ、いいんじゃない？
竹下　そのあとに……。（黙って「読書をするばしょを作る」と書く。）考えて、つくったらどうかな？
北野　うん。いいと思う。
杉田　じゃあ、だんボールでつくったら？
塚本　うう～ん。何でつくろうか。
北野　いや、でもさ。机を並べていったら、いいんじゃない？
塚本　ああ。

北野　あと、たたみ広場（ござを敷いて、その上で読書をする場所）をつくったり。
塚本　じゃあ、おすすめの本を置く場所とか、つける？
北野　おすすめの本を置く場所？
塚本　棚もつくらないと。
竹下　読書カフェに、その本を置いたらいいんじゃない？
北野　ああ、いいね。つながる。
（一七秒、話し合いが止まる。）
塚本　杉田さん、何かある？
杉田　おすすめの本、家からもって来たらだめなの？
北野　ああ、お家からもって来るね。
杉田　だんボールでつくったら？　ポップづくりは？
竹下　それは、ほかの係がするから。
杉田　あっ、そうか。
北野　でもさ、おすすめの本を置く場所に、ポップを置いたらいいんじゃない？
竹下　あっ、そっか。

「三年生の学習」でも述べますが、話し合いを文字化する手間を惜しまないことが大事です。話し合いをメタ認知することで、二年生でも技能を意識して話し合えるようになります（「三年生の学習」では、簡単な文字化の方法を紹介しています）。

第四時の授業展開を紙上で再現

それでは、本単元の要となる第四時の授業展開を紹介しましょう。第四時において「主眼」となるのは以下のことになります。

「話し合いマップ」を使って、「2の1図書かん」づくりのアイデアを話し合ったり、互いの話し合いをモニタリングしたりする活動を通して、相手の話の内容を理解したうえで、「つなぎ言葉」を使って話をつなげるようにする。

準備するものは、前時までに使用した各グループの「話し合いマップ」と、各グループの一回目の話し合いを文字化したワークシート、そして話し合いの振り返りシートとなります。

さて、第四時の授業のはじまりです。「前の時間、どんな話し合いをしたか、覚えてる？」といきなり尋ねてみたところ、子どもたちが次のように言ってきました。

米田　ちょっとなら、覚えてるよ。
三浦　あんまり覚えてない。
大村　忘れた。

話し合いは一過性のものなので、その内容を「覚えている」と自信をもって答える子どもはまずいません。そこで、「先生は分かるよ。だって、この紙に、みんなの話し合いが書かれているからね」と言って、前時に行った各グループによる一回目の話し合いを文字化したワークシートを、もったいぶるように見せます。

子どもたちは、「先生だけずるい」とか「私も読みたい」と口々に言うでしょう。でも、まだ配付しません。「読んでどうするの？」と尋ねて、「めあて」を考えるように促すのです。子どもが困っているようなら、「あなたたちは、何のためにこの学習をしているの？」と尋ね、この学習の単元名（話をつなごう）に戻るようにしましょう。

子どもたちと、次のようなやり取りをしました。

教師　読んでどうするの？
児童　……。

教師　あなたたちは、何のためにこの学習をしているの？
工藤　二年一組に図書館をつくるためです。
藤田　そのための話し合いをしています。
教師　どんな話し合いができるようになろうとしているの？
西谷　つながる話し合い？
教師　みんなの、この前（第三時）の話し合いでは話がつながった？
宮永　つながったところもあったけど、途中で止まったところもあった。
教師　じゃあ、この話し合いのワークシートを読んで、何をする？
内本　話がつながっているかどうか、確かめてみたらいいんじゃない？
木本　どこがつながっているかを探す。
教師　じゃあ、今日の「めあて」はどうする？

このようにして、「めあて」を子どもたちと一緒に決めます。教師が一方的に「めあて」を出すと子どもたちは主体的になりません。このときの授業では、「話をつなぐ言葉を見つけよう」という「めあて」が決まりました。

「めあて」が決まったら、前時に行った話し合いを文字化したワークシートを、全グループの一人ひとりに配付します。先に紹介した「場しょ考え隊」のような話し合いの文字化をグループごとに準備しておくわけです。

この時点で子どもは、早く自分のグループの話し合いを読みたくてうずうずしていました。さらに、「めあて」を決めたあとに配付をしているので、子どもたちは「話をつなぐ言葉を見つける」という意識をもって読むことになります。話をつなぐ言葉を見つけたら、「その言葉を○《まる》で囲むように」と言いましょう。

次は、その言葉の機能を考えることになりますが、そのときの様子を紹介します。

教師 ねえ、ねえ、ちょっと手を止めて。奥村さんは、どんな言葉に○を付けたの?

奥村 「いいね」です。

岩本 ぼくのグループにも「いいね」があったよ。

教師 どうして、「いいね」という言葉に○を付けたの?

岩本 「いいね」って言われたら、うれしくて話がつながったと思うから。

原田 「だめ」って言われたら、悲しくて話が止まっちゃう。

清水 「いいね」は、認められている感じで、うれしい。

教師 そうか。じゃあ「いいね」に○をして、その隣に、「うれしい」と「みとめられている」

って書いておこうね。（黒板に書く。）

このようにして、話をつなぐ言葉とその機能を考える方法を示すと、子どもたちは黙々とその活動に取り組むようになります。自分のグループが終わったら、ほかのグループの文字化したものからも見つけるようにしていきます。その間に教師は、個別に支援を行ったり、のちに指名することになる子どもを決めていきます。

このあとは、「つなぐ言葉」とその機能をクラス全体で考えていくことになりますが、いきなりの発表では緊張してしまいますので、グループの友達と確かめ合う時間を挟むことにしました。このワンクッションで自分の考えに自信をもつことができますので、クラス全体に発表する際のハードルがぐんと下がります。

さて、教師が「どんな『つなぎ技』が見つかりましたか？」とクラスに投げかけました。子どもたちが次のように言ってきました。

杉田　私たちのグループは「場しょ考え隊」なんだけど、北野くんの「うん。いいと思う」っていう言葉がいいなと思いました。

教師　どうしてそう思ったの？

杉田　「うん。いいと思う」って、「なるほど」っていう感じ。「いいね」と同じ。
坂下　「いいね」なら、ぼくのグループにもあったよ。
米田　「なるほど」もあったよ。
教師　じゃあ、「いいね」とか「なるほど」とかは同じ仲間でいいの？
米田　うん！　「いいね」って言われたらうれしいじゃん。だから話がつながる。
教師　じゃあ、この言葉の仲間には何という名前を付けるの？
岩本　「なるほど」が代表の言葉でいいんじゃない？
教師　じゃあ、「なるほどつなぎ」にしようね。一つ仲間ができたね。「いいね」とか「なるほど」とかは「なるほどつなぎ」。ほかにも、「なるほどつなぎ」の言葉はありそう？

　このようなやり取りを繰り返しながら、「つなぎ技」と言葉の機能を子どもから引き出していきます。同時に、言葉の機能と具体的な発言を整理して板書します。私のクラスでは、「なるほどつなぎ」、「思いつきつなぎ」、「おたずねつなぎ」、「ていあんつなぎ」、「りゆつなぎ」という五つの「つなぎ技」と具体的な発言がピックアップされました（**図3-2-1**参照）。
「つなぎ技」とその機能を自ら考えた子どもたち、「早く『つなぎ技』を使って話し合いたい」という気持ちが高まっていますが、授業はここで終わりです。気持ちの高まりを残して終わるの

図３－２－１　クラスで出された「つなぎ技」の板書

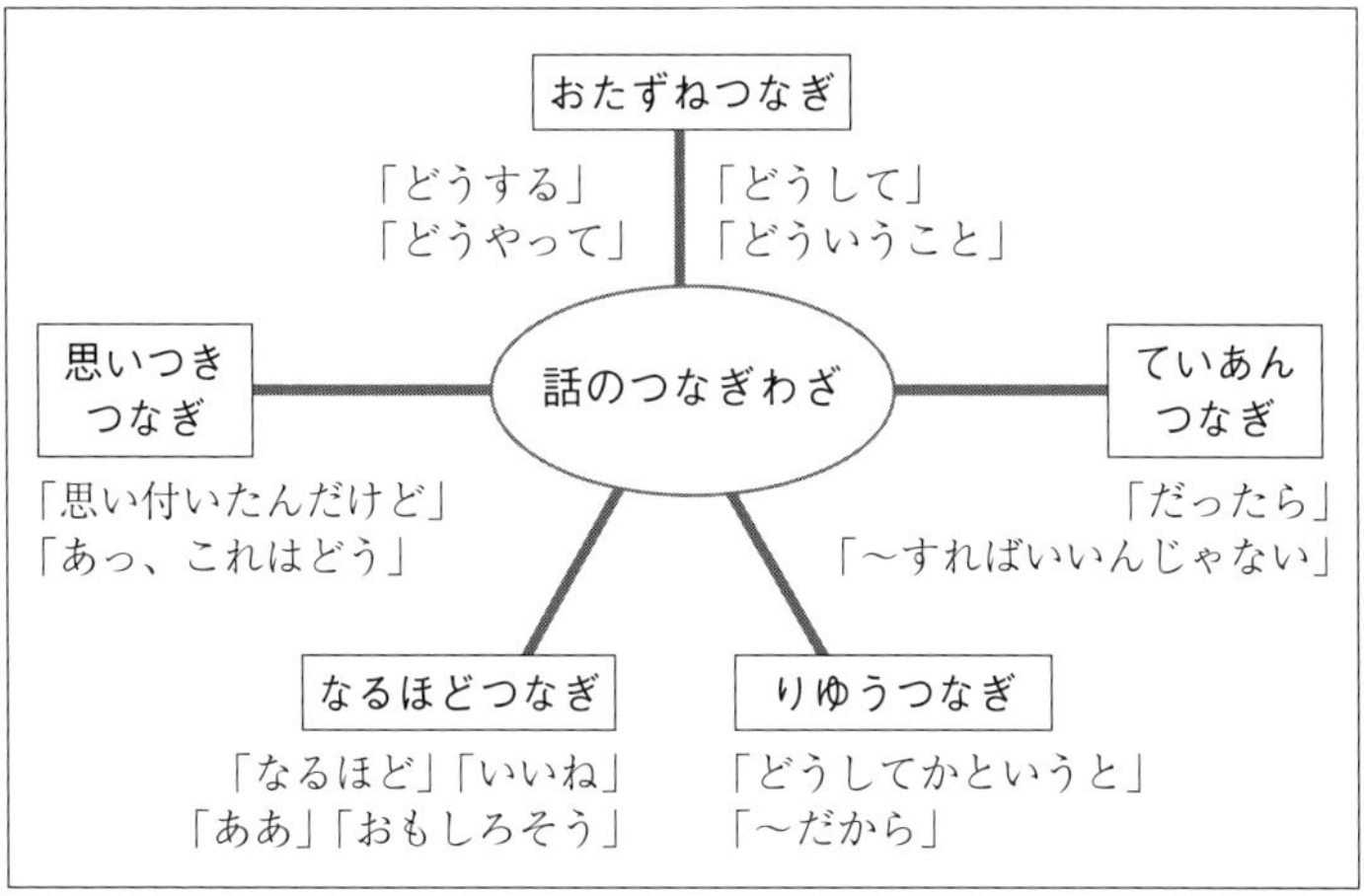

がポイントとなります。きっと子どもたちは、二回目の話し合いの際には「つなぎ技」を意識して話し合っていくことになるでしょう。

その後、話し合いを振り返り、次時の「めあて」を話し合います。ある子どもが次のように言っていました。

「私は、今日はたくさんの『つなぎ技』を見つけることができました。次は『つなぎ技』を使って、話し合いの続きがしたいです」

学習の成果──みんなで見つけた「つなぎ技」

この単元では、各グループが、自分たちの話し合いを文字化したワークシートから話をつなぐポイントを見つけ、クラス全体で「つなぎ技」をまとめていきました。子どもたちは、自分たちの話し合いのなかから話をつなぐポイントを見つけたことで、無意識にたくさんの技を使って話し合っていたことや、話のつなぎ方にはさまざまな種類があることに気付いていきました。

そして、単元全体を通して子どもたちから出された「つなぎ技」を表にして提示しました（写真参照）。すると、話し合いが止まりそうになったときに、それを見て、どの言葉を使おうかと考えている姿も見られました。

「掲示物を見ながら話し合って、本当に話し合いの力がつくの？」と思われるかもしれませんが、まずは、言葉を自覚することが大切なのです。自覚して言葉を使い、話し合いのなかで「うまくいった」という感覚をもつことができた言葉が技能として獲得されていきます。そうすると、「つなぎ技」を自由自在に使って話し合えるようになります。

それを証明するように、「今度は、あの『つなぎ技』を使って話し合いをしたい」といった発言が聞かれたほか、いろいろな「つなぎ言葉」を使うことにチャレンジしようとか、うまくいくか試してみようといったように、話し合いに対して主体的になっている子どもの姿が見られました。

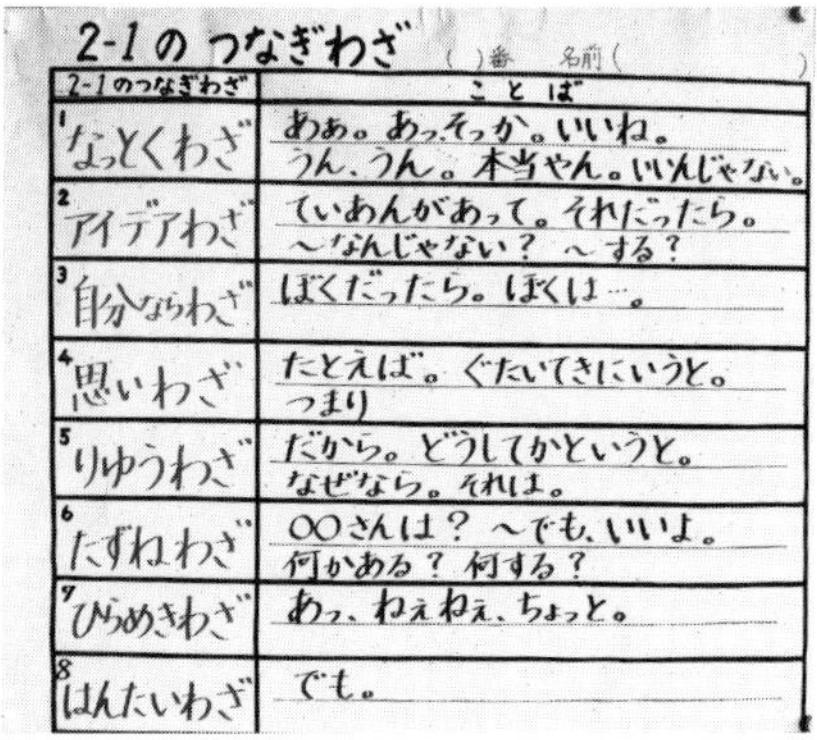

2-1のつなぎわざ　（　）番　名前（　　　）

2-1のつなぎわざ	ことば
1 なっとくわざ	あぁ。あっそっか。いいね。うん、うん。本当やん。いいんじゃない。
2 アイデアわざ	ていあんがあって。それだったら。〜なんじゃない？　〜する？
3 自分ならわざ	ぼくだったら。ぼくは…。
4 思いわざ	たとえば。ぐたいてきにいうと。つまり
5 りゆうわざ	だから。どうしてかというと。なぜなら。それは。
6 たずねわざ	○○さんは？　〜でも、いいよ。何かある？　何する？
7 ひらめきわざ	あっ、ねぇねぇ、ちょっと。
8 はんたいわざ	でも。

「つなぎ技」をまとめた表

学習の成果――振り返り（第八時）から見た子どもの学び

　さて、授業は最後となる第八時を迎えました。「カード隊」になったある子どもが書いた「振り返り」を紹介しましょう。

たん元のふりかえり

　ぼくは、図書かんの学しゅうがうれしかったです。どうしてかというとグループときょうりょくできたからです。図書かんをつくることができたのは、友だちとイメージマップ（話し合いマップ）で話し合いを、したからです。ぼくは、カードたい［図書カードをつくって来館者に配る係］のみんなでやることをきめたり、じゅんびのことを話し合ったりしました。ぼくは、その話し合いで、「なっとくわざ」がつかえるようになりました。

　ふだんの生活でも、「なっとくわざ」をつかっていきたいです。（［　］内は筆者）

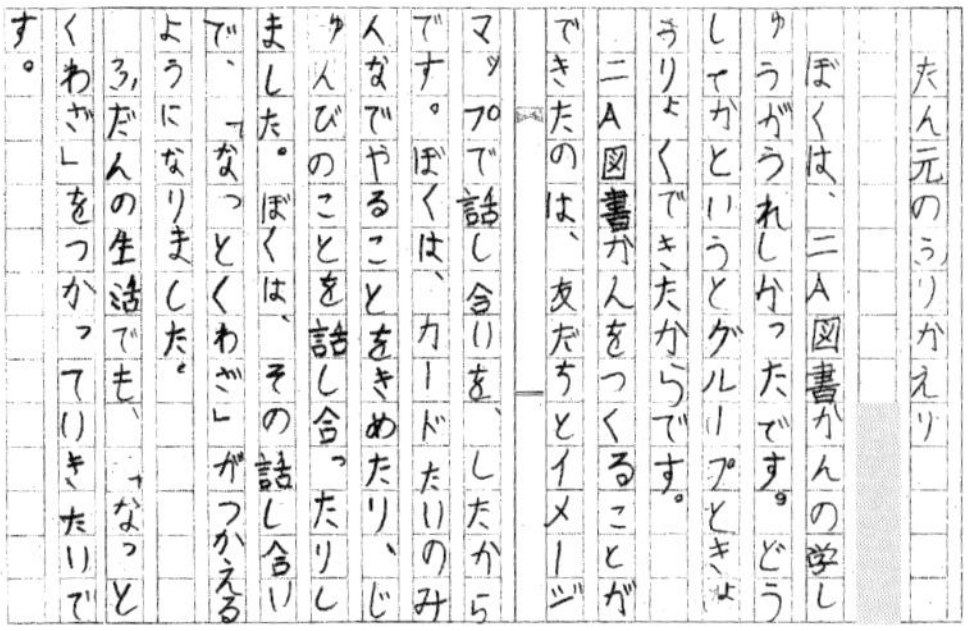

たん元のふりかえり

ぼくは、二A図書かんの学しゅうがうれしかったです。どうしてかというとグループときょうりょくできたからです。二A図書かんをつくることができたのは、友だちとイメージマップで話し合いを、したからです。ぼくは、カードたいのみんなでやることをきめたり、じゅんびのことを話し合ったりしました。ぼくは、その話し合いで、「なっとくわざ」がつかえるようになりました。

ふだんの生活でも、「なっとくわざ」をつかっていきたいです。

本単元の「振り返り」

この振り返りを読まれて、どのような感想をもたれましたか。実際に子どもが書いたものを写真で示しましたが、二年生が本当に書いたものです。これを読まれれば、二年生に対する懸念は払拭されるのではありませんか。二年生でも、大人が想像する以上の「話し合い」ができるのです。

ひょっとしたら、大人のほうが「話し合い」に関してはできていないかもしれません。代表者が話しているだけという光景を、さまざまな会合で見かけることが多いです。「会議」という場においても、それは同じです。そんなことを、この授業を実践しながら思ってしまいました。

最後に、「話し合い」のポートフォリオを紹介しておきましょう（写真参照）。これは、第一時、第三時、第五時、第七時において描き上げたものです。あなたは、この作品をどのように評価しますか。

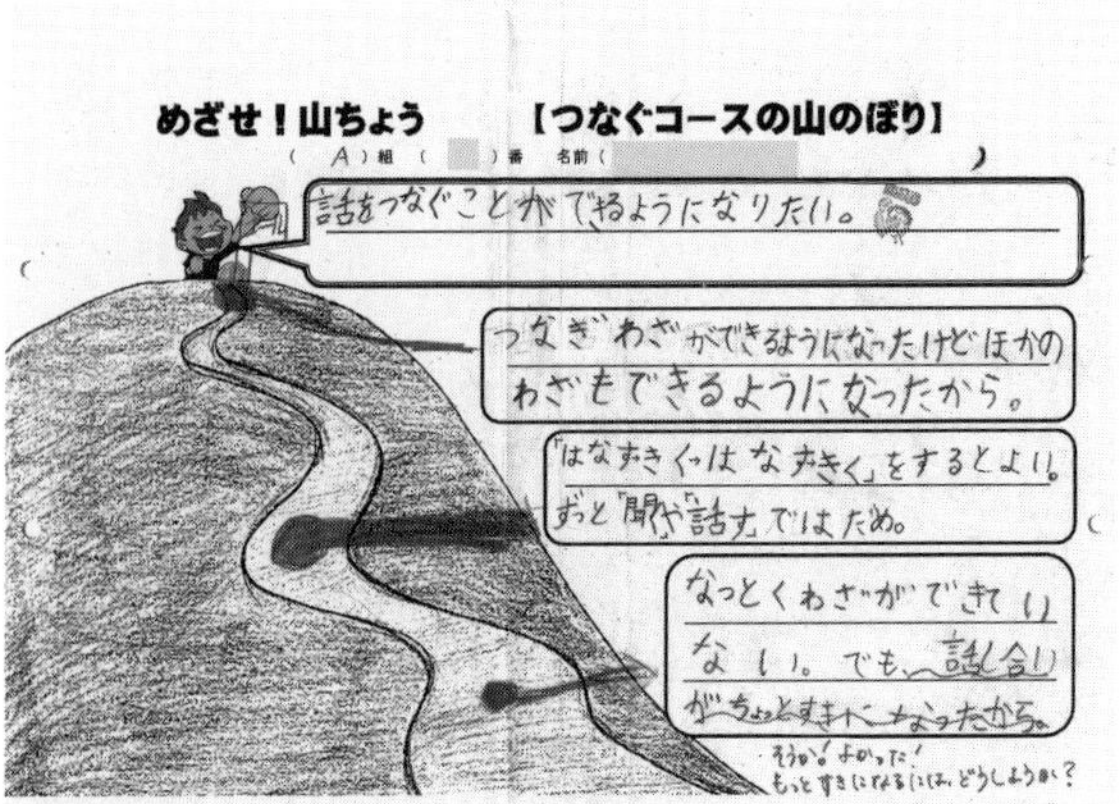

「話し合い」のポートフォリオ（第１／３／５／７時）

三年生の学習

単元　仲間がいるから話し合える
考えをまとめる話し合いをしよう　三年生の学習教えます

三年生の実態

三年生は、仲間意識を高めていく段階にあることから、グループをつくって行動することが多くなります。しかし、お互いを受け止め合うだけの関係が完成されているとは言えません。さらに、自己主張が激しくなる段階ともなるため、学習場面においても、みんなに納得してもらえるまで自分の考えを述べ続けるといった様子が見られるようになります。

また、新しく学習する教科が増えるため、学習に対する関心がより高まり、自分の役割を見つけ、全うする段階に移行していくという、成長著しい発達段階ともなります。

このような三年生、その実態は次のように整理することができます。

❶小グループで協力して物事を実行することを楽しむ。
❷受け止め合う関係が完成されているとは言いがたい。
❸納得感は大切にするが、何を決め手に物事を決断したらよいのかが分からない。
❹自己主張が激しい段階から、自分の役割を見つけ、全うする段階に移行する。

スター　パンフレット）の読み書き

※〈　〉は教科書教材を指す。→は単元相互の関連を指す。
□の単元は、トピック学習を指す。

3学期

互いに考えを理解し合う教室
【相互理解】

)学習・名人見つけ・なかよしトーク

コーマ字って楽しい」

「自分ことわざをつくろう」

「秋の楽しみ」　「冬の楽しみ」

「考えをまとめる話し合いをしよう
～『先生ブック』づくりのために～」
ねらい：グループで出てきた質問に順位を付けて、三つの質問にまとめる話し合いをする。

「考えをまとめる話し合いをしよう
３年生の学習教えます」
ねらい：互いの考えの根拠を明確にしながら話し合い、グループとしての考えをまとめる話し合いをする。

心をうたれた場面を紹介しよう」
らい：場面の移り変わりをとえ、主人公の目線や読者の目になって、物語を読む。
ちいちゃんのかげおくり〉

「民話を読もう」
ねらい：国による特色や機転をきかす展開に気を付けて読む。
〈三年とうげ〉

「心に残ったことを伝え合おう」
ねらい：複数の斎藤隆介作品を読み比べて、作品のよさを語り合う。

「絵で説明文をまとめよう」
ねらい：説明の順序を絵でまとめる。
〈アリの行列〉

「落語って面白い」

「百人一首に親しもう」

調べたことを、図鑑にまめよう」
らい：食べ物に関する鑑を読んで、選材し、べ物図鑑をつくる。

「冒険物語を書こう」
ねらい：宝島の地図を基に、場面の様子が分かる冒険の物語を書く。

民話を楽しもう」
らい：「話すこと聞くこと」お気に入り民話のおもしろさについて理由に共感ながら話し合う／「読むこと」民話とうジャンルの特性に気付く。
かげにごろり〉〈うさぎのさいばん〉
ことおんどり〉〈おだんごぱん〉
ーシャとくま〉

斎藤隆介作品を読み比べ作品のよさを語り合おう
ねらい：「話すこと聞くこと」人物に共感しながら話し合う／「読むこと」これまで学んだ文芸用語や読み方を使って作品のよさを捉える
〈ソメコとオニ〉〈火の鳥〉〈半日村〉
〈かみなりむすめ〉

表３－３－１　トピック学習を軸に展開する国語科学習カリキュラム　第３学年

トピックの種類　①ことば　②言語生活　③言語文化　④メディア（さまざまな表現媒体　写真　新聞　テレ

トピックの種類	１学期　　２学期
教室内の話し合う風土づくり	互いに思いを推し量る教室 【推察】
話し合いのスキルアップに資する日常的取り組み	思考ツール（クラゲチャート
①言葉	「漢字の音と訓」　「へんとつくり」　「修飾語」 「春の楽しみ」　「夏の楽しみ」
②言語生活	「国語辞典って何だろう」 「上手に話し合いをすすめよう〜１年生に係活動を教えよう〜」 ねらい：話し合いの目的や司会者、参加者の役割、気を付けることを考えながら、グループで話し合う。 「お礼の手紙を書こう」
③言語文化 物語	「物語のふしぎについて話し合おう」 ねらい：物語の問いを解決していくなかで、クライマックス・情景・あらすじという言葉と意味について学ぶ。 「出来事の展開を楽しもう」 ねらい：主人公を中心に、起承転結の物語の流れについて学ぶ。 〈もうすぐ雨に〉
説明文	「分かりやすい説明文のなぞ」 ねらい：読者を納得させる事例の順序を考えながら読む。 〈こまを楽しむ〉 「説明の工夫について話し合おう」 ねらい：伝えたいことを伝えるための事例の順序やつながりを読む。 〈すがたをかえる大豆〉
④メディア	「記号報告書を書こう」 ねらい：材料から共通点を見つけて、考えたことを報告書にまとめる。
「仲間とともに読むことを楽しむ」、「読んで考えたことを表現する力を育てる」読書会	「読書会をしよう」 ねらい：「話すこと聞くこと」どちらの展開が好きか理由に共感しながら話し合う／「読むこと」あらすじ・クライマックスを意識して読む。 〈ミロとまほうの石〉

三年生で育みたい話し合いの力

このような実態が理由で、三年生では、仲間との協働的な話し合い能力の育成を目指すことになります。協働的とは、同じ目的のために心や力を合わせ、協力して活動することです。三年生は、良くも悪くも友達の影響力を大きく受けます。「仲間がいるからこそ話し合いはできるのだ」という情意を喚起するような学習をデザインすれば、友達の影響はよい方向に働きます。一方、話し合いの型のみといった指導になると、結局は言葉だけを操ったり、人間関係に影響された「譲歩」や「妥協」に偏ったりした話し合いになってしまうでしょう。

よって三年生でも、三~四人の小グループとなって人間関係の影響を小さくして、互いの思いを推し量りながら、一人ひとりの考えそのものを理解するといった話し合いの能力育成を目指すことになります。そのためには、技術面だけでなく、情意と認知をともに育てることが重要となります。

この単元で育みたい話し合いの力

三年生では、グループで話し合ったことを実行したくなるような授業を念頭に置いて、「話し合う仲間がいたからこそ実行できた」という情意が喚起されるような単元をデザインしました。

表３－３－２　協働的な話し合いの要素

協働的な話し合いの要素	内容	具体
技能	形態	３～４人のグループでの話し合いができる。
	話題	「２年生にどのような内容をどのような方法で教えるか」という話題で話し合いができる。
	言語活動	２年生に３年生の学習を教えるという目的に応じて、話し合うことができる。
	展開の仕方〈機能〉	目的に応じる言葉や、根拠を示す言葉を使い、話し合うことができる。
	思考の仕方〈内容〉	２年生に３年生の学習を教えるという目的に応じ、根拠を明確にして、グループで考えをまとめることができる。
認知	展開に関すること	「どのように考えをまとめているかな」と考えて、話し合い全体を捉える。
	言葉に関すること	「考えをまとめる言葉は何かな」と考えて、話し合い全体を捉える。
	話し合いそのものに関すること	根拠を明確にして話し合うと、納得できて、すっきりするということを捉える。
情意	価値	話し合う仲間がいたからこそ、２年生に３年生の学習を教えることができたと思う。
	態度	お互いの考えを配慮し合いながら話し合う。

目標としたのは、「互いの考えの根拠を明確にしながら話し合い、グループとしての考えをまとめるといった話し合いができる」力の育成となります。

この目標には、上記のような話し合いの「技能」、「認知」、「情意」が含まれています（**表３－３－２**参照）。

学習指導要領に即した本単元の目標と評価

参考までに、本単元における学習指導要領（平成二九年度版）の目標と評価を記載しておきます。学習指導要領では、目標について以下のように記されています。

知識及び技能

・考えとそれを支える理由や事例、全体と中心などの情報と情報との関係について理解することができる。(2)ア)

思考力、判断力、表現力等

・目的や進め方を確認し、司会などの役割を果たしながら話し合い、互いの意見の共通点や相違点に着目して、考えをまとめることができる。(A(1)オ)

学びに向かう力、人間性等

・言葉がもつよさに気付くとともに、幅広く読書をし、国語を大切にして、思いや考えを伝え合おうとする。

一方、評価基準に関しては以下のようになります。

知識・技能

・根拠は、主張を支えるものであることを理解している。

思考・判断・表現

・「二年生に三年生の学習を教える」という目的に応じて、互いの考えの根拠を明確にしながら話し合い、グループとしての考えをまとめている。

主体的に学習に取り組む態度

・二年生に教える三年生の学習を、友達の考えを聞き、理解して話し合っている。

このような話し合いの力を育むために、二年生に三年生の学習を教えるための内容と方法を話し合うという言語活動を設定しました。

先にも述べましたように、三年生では新しく学習する教科が増え、学習に対する関心が一層高まる学年となります。また、下の学年のリーダーとなることから、「自分たちが学習したことを教えたい」という気持ちが上学年よりも強くなります。そのなかでピッタリの対象となるのが、翌年に三年生になる二年生となります。

国語や算数など、自分が好きな教科、自信のある教科ごとに分かれ、三〜四人のグループを構成し、その教科について、「どのようなことを教えるか（内容）」とか「どのように教えるか（方法）」について話し合っていくことになります。

本単元が生まれるまでの種まき

単元を導入する前に、二年生から教師がアンケートを取り、その質問内容を教科ごとにまとめて教室に掲示しておくという「種まき」を行います（写真参照）。この結果は、グループで考えをまとめる際に不可欠となる「根拠」となります。

また、この種まきをすることで、「二年生に三年生の学習を教えたい」、「一人で全部の教科を教えるのは無理だから、教科ごとのグループに分かれたほうがいいのでないか」、「仲間と話し合わないと、三年生の学習は教えられない」という情意が喚起され、学習の見通しがもてるようになりますので、スムーズに単元に入れます。

このあと、具体的に単元を展開していくことになりますが、その様子を**表3－3－3**として掲載しましたので参考にしてください。

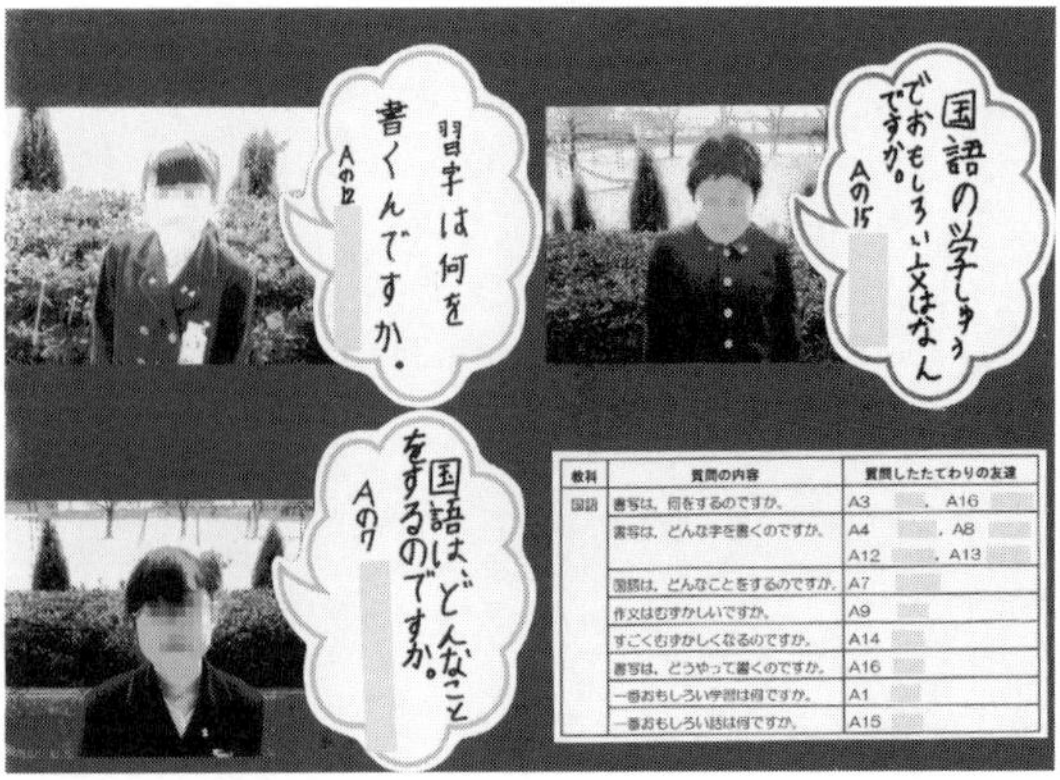

2年生の質問内容を集約した掲示物（国語編）

表3－3－3　単元展開（全7時間）

学習過程	学習のねらい	主な学習活動	指導上の留意点
導入	本単元が生まれるまでの種まき……2年生のアンケート結果の提示		
	1　2年生からのメッセージを基に、単元をつくる。	1　単元の設定	○「今までの話し合い方で、考えはまとまるのではないですか」と揺さぶる。
展開	2年生に3年生の学習を教えるために、何をどうやって教えるのかをグループで話し合ってまとめよう。		
	教科別グループで、どのようなことをどうやって教えるかを話し合ってまとめよう。		
	2　教える内容と方法を個人で考える。	2　個人で内容と方法を考える	○一つの付箋に、一つのアイデアを書くように指導する。
	3　グループで1回目の話し合いをする。	3　グループによる1回目の話し合い	○話し合いのサンプルを提示し、話し合いの展開を予想する場を設ける。
	4　考えをまとめるポイントを見つける。	4　考えをまとめる話し合いのポイント見つけ	**指導のポイント** ○根拠を示した話し合いのモデルと、根拠を示していない話し合いのサンプルを比較する場を設ける。
	5　自分たちの1回目の話し合いを、話し合いのポイントを観点として分析する。	5　1回目の話し合いの自己分析	○自分たちのグループの1回目の話し合いの文字化から、よい点と改善点を見つける場を設ける。
	6　根拠を考えながら、2回目の話し合いをする。	6　グループによる2回目の話し合い	○グループ相互に金魚鉢方式で話し合いを観察し、根拠を基に話し合っているかということを見取る場を設ける。
終末	1回目と2回目の話し合いを比べ、話し合いの変化を振り返ろう。		
	7　考えをまとめる話し合いに対する自己評価をする。	7　本単元の振り返り	○1回目と2回目の話し合いの文字化を比べ、話し合いの変化を見取る場を設ける。

本単元の指導のポイント

子どもが、根拠をもとにグループとしての考えをまとめる話し合いができるように、第四時における指導のポイントを紹介しましょう。ここでは、話し合いのサンプルとモデルを比べて、考えをまとめるポイントを見つける活動を設定します。三年生は、比較という思考が身についていますから、サンプルかモデルのどちらか一つよりも、両者を比べるほうが違いを見つけやすくなるうえに、それぞれの話し合いのよいところや改善点も考えやすくなるのです。

まずは、サンプル（話し合いＡ）を紹介します。「それぞれのナンバーワンの考え」として、特別活動（一〜三年生の縦割り活動）グループの三人が次のように語っています。

Ａくん――じゅんびするげきをする。

ぼくは、じっさいにじゅんびするげきを見せたらいいと思います。理由は、じゅんびをするげきをすれば、今の一年生や新一年生が楽しく分かりやすくできると思うから、じっさいにじゅんびするげきをやったらいいなと思います。

Ｂくん――下学年こつブックをつくる。

ぼくは、下学年の生活グループ、うまくやれたときのこつとか、「こうやったらうまくできた。」とかを本にまとめて、それをつくったらいいかなと思いました。この本を見てもらったら、「あっ、こういうときにこういうことをしたらいいんだな。」というのがはっきり分かってもらえるから、ぼくは、こつブックをつくったらいいと思います。

Cさん――じっさいに見せる。

わたしは、二年生からもらった質問をブックにまとめるのもいいと思うんだけど、Aくんと少しにていて、「こんなふうに書く」とか、「何を一番書いたらいい」とかが分かるから、じっさいにいろいろして、見せたらいいと思います。

続いて、モデル（話し合いB）を示します。

Dくん――じゅんびをするげきをする。

ぼくは、じっさいにじゅんびするげきを見せたらいいと思います。二年生は今度、三年生の代わりに下学年生活グループ（縦割り活動）をするでしょ。だから、そのじゅんびをするげきをすれば、今の一年生や新一年生が楽しく分かりやすくできると思うから、じっさいにじゅんびするげきをやったらいいなと思います。

Eくん――下学年こつブックをつくる。

ぼくは、下学年の生活グループ、うまくやれたときのこつとか、「こうやったらうまくできた。」とかを本にまとめて、それをつくったらいいかなと思いました。新一年生や、今の二年生が三年生になったときに、これ（種まきの掲示物）にも「下学年で一番たいへんなことはなんですか」とか「大事なことはなんですか」とか、そういうしつもんが出てきているから、そういうときにこの本を見てもらったら、「あっ、こういうときにこういうことをしたらいいんだな。」というのがはっきり分かってもらえるから、ぼくは、こつブックをつくったらいいと思います。

Fさん――じっさいに見せる。

わたしは、二年生からもらった質問をブックにまとめるのもいいと思うんだけど、Dくんと少しにていて、「こんなふうに書く」とか、「何を一番書いたらいい」とかが分かるから、じっさいにいろいろして、見せたらいいと思います。

三年生になると比較して思考することが可能となりますので、話し合いのサンプルを提示し、モデルのよさを見つけやすくします。今紹介した内容は、特別活動（一～三年生の縦割り活動）について教えるグループの話し合いを想定して作成したものですが、子どもの実態に応じて話し合いの内容を変えることをおすすめします。

話し合いのサンプルとモデルのつくり方、および提示のポイントは次の二点となります。

❶どんな内容であっても、サンプルは主張・理由のみで話し合いが展開されるようにつくり、モデルは主張・根拠（四角囲みの部分）・理由を用いて話し合いが展開されるようにつくります。

　そして、モデルのよさが際立つように、根拠（四角囲みの部分）だけをサンプルと交換し、ほかの台詞などは統一させます。ただし、子どもには、四角囲みのない文字だけのワークシートを配付してください。

❷黒板では、この話し合いの文字化を上下に提示します。そうすることで、話し合いの内容が比較しやすくなります。さらに、音声ＣＤによる提示があると、話し合いの内容が理解しやすくなります。

第四時の授業展開を紙上で再現

　ここでは、本単元の要となる第四時の授業展開を紹介します。本時における授業の「主眼」は以下のようになります。

〜　主張と理由のみで話し合いが展開されるサンプル（話し合いＡ）と、主張・根拠・理由を用いて話し合いが展開されるモデル（話し合いB）の文字化を比較し、どちらの話し合いのほうが、考えがまとまりそうかについて話し合う活動を通して、根拠をもとに話し合うよさに気付くことができるようにする。

準備するものは、話し合いのサンプル（話し合いA）とモデル（話し合いB）の掲示物、そして音声CDとワークシートとなります。

子どもたちは、前時においてサンプル（話し合いA）のよさや改善点、話し合いの展開に関する予想を書いていますし、本時の「めあて」をすでに立てています。そこで、根拠をもとに話し合うよさについて十分な話し合いができるように、「めあて」を確かめます。このときの「めあて」は、「より良く考えをまとめる話し合いを考えよう」となっていました。

「めあて」を確かめたあとは、前時の学習が思い出せるように、サンプル（話し合いA）の掲示物を黒板に貼り、音声CDを流します。そして、「よい話し合いでしたね」と語りかけます。

前時において、話し合いAがサンプルであることは伝えていませんので、話し合いAがよい話し合いだと考えている子どもと、改善が必要だと考えている子どもがいることになります。わざと、「よい話し合いでしたね」と揺さぶると、子どもたちが次のようにつぶやきました（子どもの名前はすべて仮名）。

秋田　えっ？　いい話し合いやろ？　ちゃんと一人ひとり、考えを言っとるじゃん。
河内　そうよね。理由もそれぞれ言っとるし。
松宮　でも、なんか足りない気がするんよね。何が足りないかは、分からんけど。
堀坂　一人ひとりが言いたいことは分かるんやけど、この話し合い、まとまるの？

このように、話し合いのサンプルに関する考えが拮抗・対立していきました。そこで教師が、サンプル（話し合いA）の下にモデル（話し合いB）の掲示物を貼り、音声CDを流します。もちろん、モデルのほうは根拠のある話し合いになっているものです。
音声CDを聞き終わったあと、子どもたちが次のように言ってきました。

中西　絶対、話し合いBのほうがいいやん！
武田　話し合いAもいいと思っとったけどね。
重松　（話し合いAと話し合いBの）違うところ見つけた。

子どもたちが、話し合いBに関して口々に言い出したところで、二つの話し合いの違いと、どちらの話し合いのほうがまとまりそうかという理由について、グループで話し合う活動を設けます。紹介したように、根拠をもとに話し合うよさに子どもたちはすでに気付いています。あるグループでは、次のような話し合いが行われていました。

井上　ぼくは、話し合いA（サンプル）は、初めはいい話し合いだと思ってたけど、二つの話し合いを比べたら、話し合いBのほうがよく見えてきた。

本田　私も。話し合いB（モデル）は、話し合いA（サンプル）よりも、「どうして自分がそう考えたのか」ということを詳しく言ってる。

大森　「二年生がこう書いているから」というのは、自分の考えの証拠みたいよね。

井上　「自分がこうしたい」というのを言い合っても考えはまとまらん。だけど、「二年生がこう書いているから」と言われたら、納得できる。

大森　証拠というか、根拠なんじゃないの？　「○○は、～と言っている」みたいな。

本田　なんか、根拠を出されたら、納得できる。二年生のためにするんだし、「二年生がこう言ってる」って言われたら、「そうか」って。

大森　話し合いAは、理由づけをちゃんとしてるけど、それだけじゃだめ。

井上　（根拠がないと）納得できん。

このようなグループでの話し合いのあと、クラス全体で二つの話し合いについて考えていきます。前述した話し合いのように、子どもたちは二つの話し合いの違いや話し合いの言葉のよさ、そして、その理由を口々に発表するわけですが、いずれにしろ、話し合いに根拠（技能）があると互いの考えに共感し、納得しやすくなりますし（情意）、考えがまとまりやすくなる（認知）ように、教師が最終的に板書と言葉で整理することが大切になります。参考までに、本時の板書を示しておきます（写真参照）。

このあと、学習を振り返り、次時の「めあて」について話し合います。次時の学習への意欲を喚起し、見通しがもてるように、「今日の学習で、できるようになってよかったこと」、「今日の学習で分かってよかったこと」について振り返る場を設けて、価値づけや称賛をするのです。次のような言葉が聞かれることでしょう。

「今日の学習では、二つの話し合いの違いを見つけることができました。初めは『話し合いA』がいいと思っていたけれど、『話し合いB』が出てきたら、根拠が大事だということが分かりました」

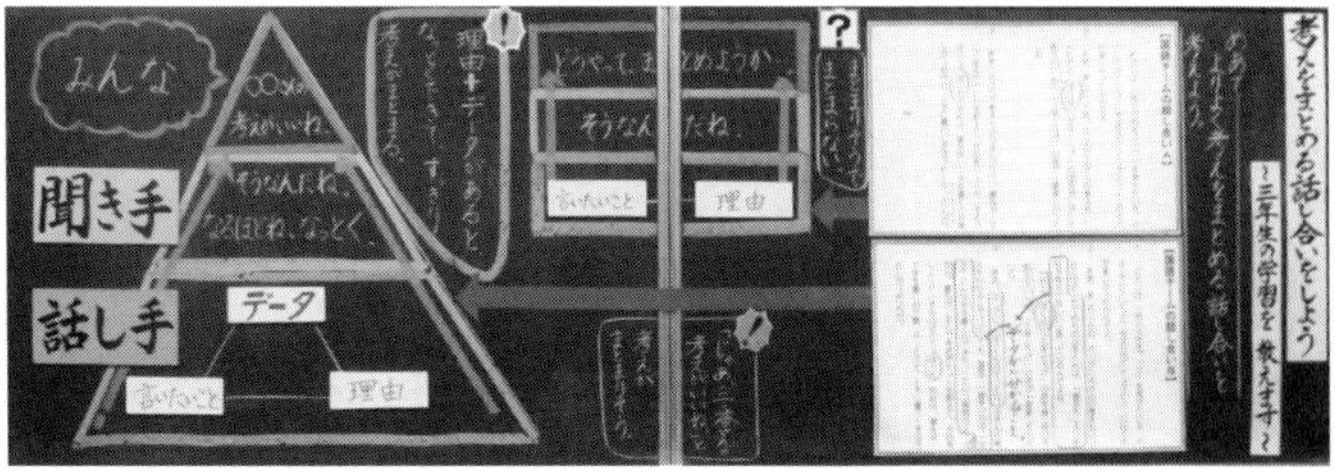

本時（第４時）の板書

「今日の学習では、話し合うときに、根拠を出すとよいことが分かりました。根拠があると、理由だけよりも考えに納得できるし、考えがまとまりやすくなるのかなと思いました」

「本当に根拠をいうと考えがまとまるのか、試してみたいです」

学習の成果——自分たちの話し合いのメタ認知

第五時では、自分たちの話し合いをメタ認知する学習を設定しました。第三時で行った一回目の話し合いを文字化したワークシートを子どもたちに配付して、そこから、よかった点や改善点を見つけるという学習です。話し合いは一過性ですから、実際の話し合いを可視化して振り返ることで話し合いが自分事になり、改善されていきます。

次に示している話し合いは、外国語チームのワークシートに載せたものです（写真も参照）。

吉田　外国語だから、二年生が聞き取れるようにしないと、「どういうことかな」って[1]なっちゃうよね。それに、「楽しめる」ことが大事だから、クイズのなかに「さよならゲームはどんなことをしているでしょうか?」というのを入れたらいいと思うんだけど、どう?

坂井・山口　いいね。いいと思う。

山口　それにクイズの内容があんまり分からなかったら、（外国語担当の）木村先生にインタビューをして、分からないことを聞けばいいと思う。

坂井　ああ、なるほどね！　そういう方法もあったね！

吉田　実際にやっている先生に聞くのもいいかもしれん！

坂井　どういうところがポイントとか。

吉田　どういうふうにしたら楽しくできるとか。教える人に対してどう思っているのかとか、そういうのを聞いたほうがやりやすいと思うんだけど。

山口　あと、さよならゲームは長くなっちゃうから。

吉田　四分間しかないもんね。

坂井　さよならゲームは四分以上かかるよね。

吉田　でも、二年生にいろいろ体験してもらったらいいと思うんよ。

山口　さよならゲームを二分して、クイズを二分したらどう？

坂井・吉田　いいと思う。

山口　じゃあ、木村先生にどんなことを聞く？

（1）ALT（外国語指導助手）が英語で動作の指示を出し、その指示に合った動きができなければ「さよなら」と言われて脱落していくゲーム。

この話し合いの文字化から、外国語チームの一員である山口さんはどのようなことに気付いたのでしょうか。ワークシートには、次のような記述がありました。

まず山口さんは、「話し合いのよかったところ」として以下の二つを挙げました。

・目的と二年生の気持ちを考えている
・共感をしているところ（なっとく）

次に、「話し合いをもっとよくしたいところ」として、以下の二つを挙げました。

・根きょをつける
・理由づけもいれる

このように山口さんは、自分たちの一回目の話し合いには、根拠がなかったことに

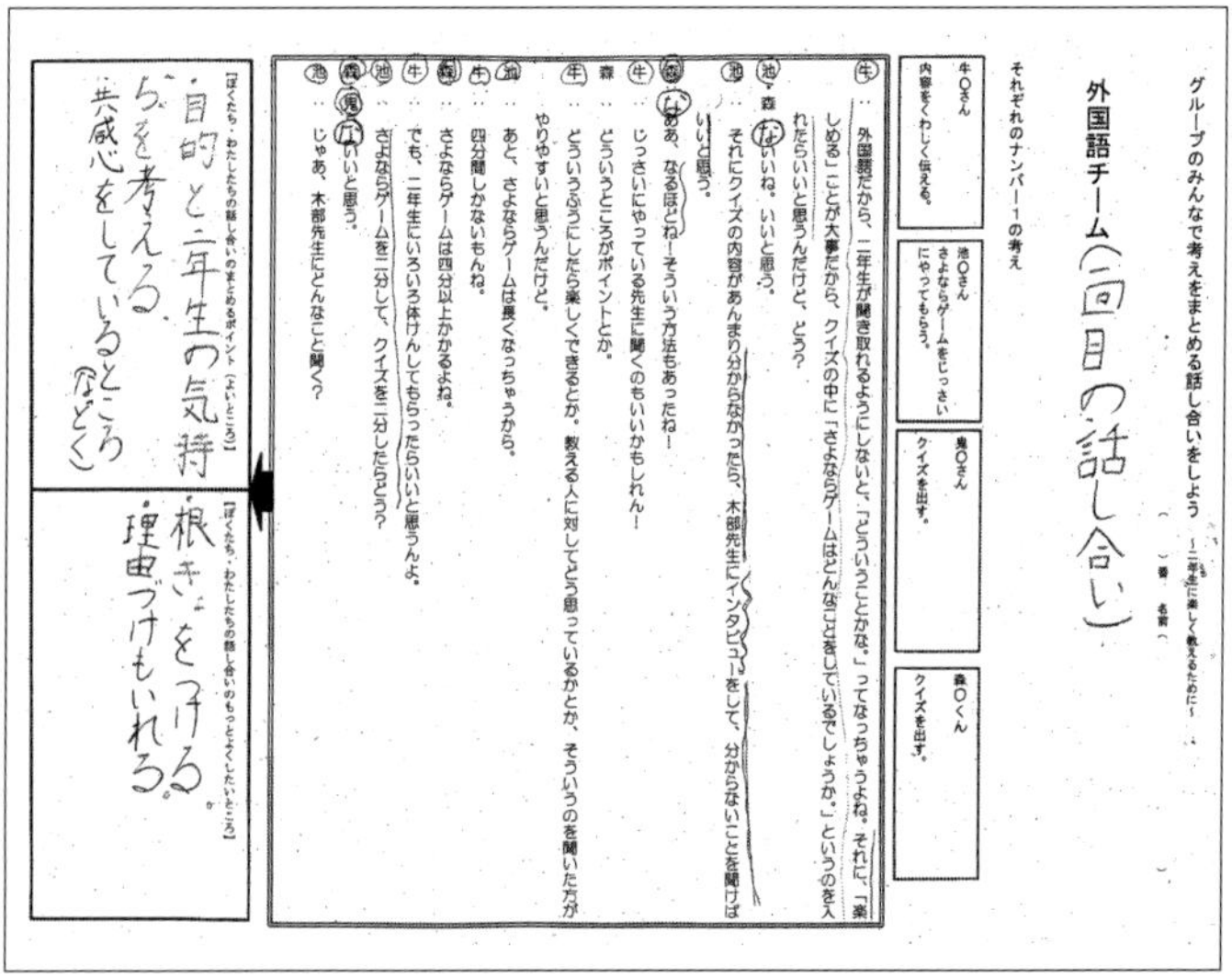

山口さんのワークシート

気付きました。また、「根きょをつける」とか「理由づけもいれる」と、次の話し合いに向けての改善点を明らかにしたわけです。そして、話し合いのよかったところと改善点に気付いた山口さんは、二回目の話し合いにおいて根拠や理由を用いて主張を行い、グループとしての考えをまとめることに貢献していました。

ここまで読まれて、「グループごとに実際の話し合いを文字化するというけど、いったいどうすればいいんだ。面倒だ！」と思われた方もいらっしゃるでしょう。しかし、現在では、ＩＣレコーダーの音声を自動的に文字起こしする方法（Google ドキュメントの機能、word のディクテーション機能など）がありますので、そんなに手間はかかりません。

それに、話し合いをメタ認知せずに学習を進めてしまうと、考えをまとめる視点が見つからないまま話し合いをすることになりますので、改善する際に膨大な時間がかかってしまいます。ちょっとした手間を惜しまず、話し合いをメタ認知する手立てを講じることをおすすめします。

学習の成果――振り返りから見た子どもの学び

この授業も最後（第七時）となりました。ある子どもの「振り返り」を紹介しておきましょう。

「**あなたは、この学習を通して、どんなことを学び、どんな話し合いができるようになりましたか**」という問いに対するものです。

わたしは、この学習を通して、話し合うときに、なっとくしてもらえるようにするには「根きょ」をちゃんといえばよいことを学びました。それで、主ちょうと理由づけと根きょをいってなっとくしてもらってみんなで考えをまとめられたと思いました。

次は、「**三年学校（三年生が二年生に学習を教える学校）を開くためにグループのみんなで考えをまとめる話し合いをしたことは、楽しかったですか**」という問いに対するものです。

楽しかったです。どうしてかというと、みんなで考えをまとめるとすごくたっせい感があって、話し合いがもっとすきになったからです。

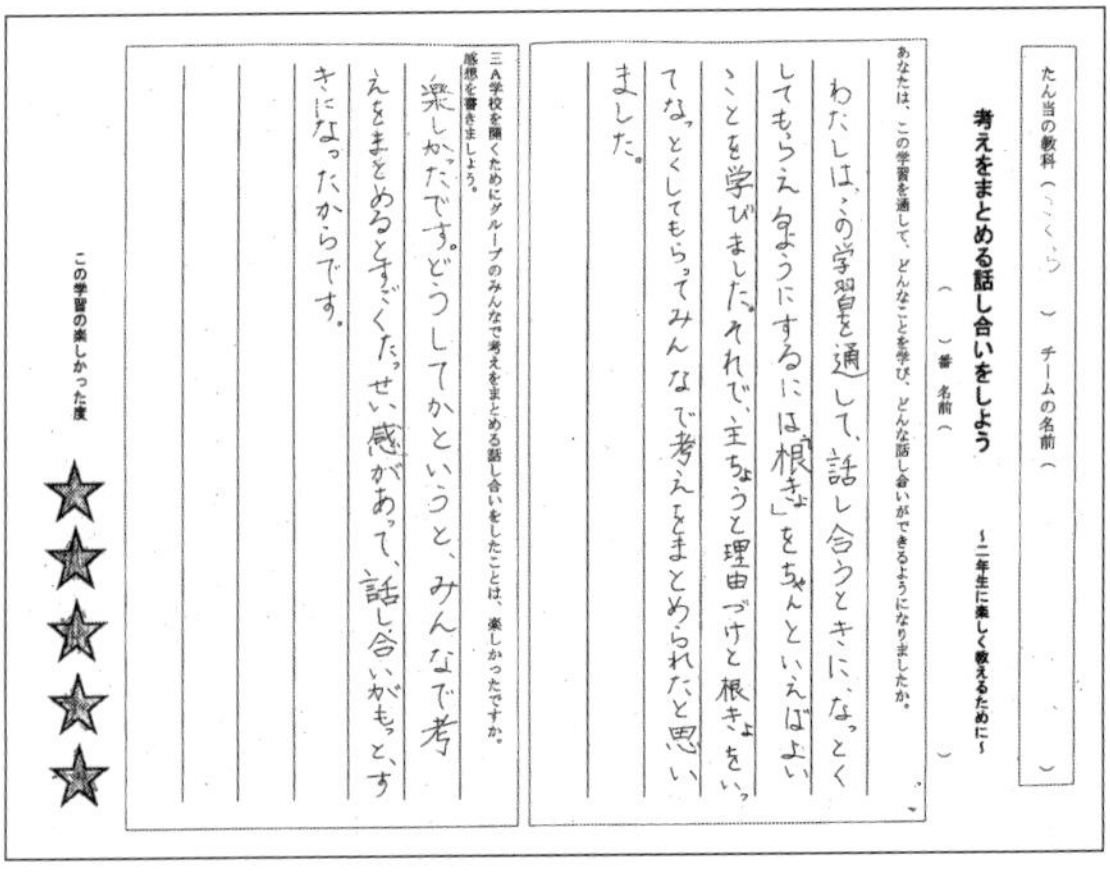

考えをまとめる話し合いをしよう
~二年生に楽しく教えるために~

たん当の教科（こくご）　チームの名前（　　　）

（　）番　名前（　　　）

あなたは、この学習を通して、どんなことを学び、どんな話し合いができるようになりましたか。

わたしは、この学習を通して、話し合うときに、なっとくしてもらえるようにするには「根きょ」をちゃんといえばよいことを学びました。それで、主ちょうと理由づけと根きょをいってなっとくしてもらってみんなで考えをまとめられたと思いました。

三A学校を開くためにグループのみんなで考えをまとめる話し合いをしたことは、楽しかったですか。感想を書きましょう。

楽しかったです。どうしてかというと、みんなで考えをまとめるとすごくたっせい感があって、話し合いがもっとすきになったからです。

この学習の楽しかった度　☆☆☆☆☆

本単元の振り返り

あなたの辞書から、「侮る」という単語が消えたのではないでしょうか。

　最後に、三年生の学習を二年生に教えている子どもたちの写真を掲載しておきます。自信に満ちた子どもたちの表情、なかなか見られるものではありません。少なくとも私は、「話し合い」の成果であると思っています。

社会グループの子どもたち

四年生の学習

単元　仲間と補い合って話し合う
学級で話し合おう　わたしたちの学級旗

四年生の実態

四年生になると、友人関係の広がりや集団意識の高まりが顕著になり、互いの個性を受け止め合うようになります。また、同じ目的に向かって協力したり、共感し合ったりするようにもなり、集団としてのまとまりができてくるため、ささいなことにこだわり続けず、全体としてどうしたらよいかということを優先するようになります。さらに、一歩引いて物事を捉えたり、振り返ったりするなど、メタ認知が高まる発達段階ともなります。

このような四年生、その実態を次のように整理することができます。

❶協力関係が芽生えたり、高い共感能力を示したりして、集団がまとまってくる。
❷部分のこだわりから全体に思考が及ぶようになる。
❸部分的なこだわりは少なくなるが、自己顕示欲はもち合わせている。
❹友達を多面的・論理的に見る力が高まり、言葉を通して相互に補完できるようになる。

四年生で育みたい話し合いの力

　このような実態をふまえて、四年生では、学級全体で同じ目的に基づき、納得しながら考えを補い合うような、協働的な話し合い能力の育成を目指すことになります。

　四年生はクラス全体での話し合いが活発になってくることから、往々にして、台本どおりに学級会を行ったり、司会者や参加者などの責任を全うするといった指導が重視されますが、それで学級会がうまくいった試しがありません。

　確かに、司会者や参加者の役割を理解し、果たそうとする力を育むことは大切です。とはいえ、話し合いは流動的なものであり、司会にはさまざまな技能が求められます。大人でも難しいのに、それらを四年生に求めるというのは酷でしょう。事実、司会者に抜擢された子どもはいたたまれません。

　ですから、四年生では、学級会は互いを補い合いながら話し合うものだ、ということを指導して欲しいのです。そうしないと、司会で困っている友達を責め立てる話し合いになってしまうでしょう。

「司会者さん、次は〇〇をするといいのではないかな」と、参加者がフォローしながら、みんなで考えをつくり上げるような協働的な話し合いを目指してみてはどうでしょうか。互いに補い合お

ポスター　パンフレット）の読み書き

※〈　〉は教科書教材を指す。→は単元相互の関連を指す。
□の単元は、トピック学習を指す。

3学期

互いに考えを補い合う教室
【相互補完】

名人見つけ・なかよしトーク

「慣用句って面白い」

「二つの詩を読み比べよう」

「秋の言葉見つけ」

「熟語の意味」

「冬の言葉見つけ」

「百科事典って何だろう」

「ちがう考えでもなっとくできる話し合い～図書館改造大作戦～」
ねらい:提案したり、目的に応じて話し合ったりして、納得できるように話し合う。

「話し合いを見つめ直そう～思い出に残る最高の集会の企画を立てる～」
ねらい：目的そのものに立ち返り、考えを受け止めながら話し合う。

「題名の意味を考えよう」
ねらい:キーワードに着目し、題名に込められた意味を考えながら読む。
〈一つの花〉

「読んで考えたことを話し合おう」
ねらい：二人の登場人物の視点から物語を読む。
〈ごんぎつね〉

「物語のふしぎについて話し合おう」
ねらい：物語の問いを立て、解決する。
〈初雪のふる日〉

「のはらうたの詩を書こう」

「説明の仕方の工夫を考えよう」
ねらい：対比の構造の効果を読み取る。
〈アップとルーズで伝える〉

「本の帯をつくろう」
ねらい：興味をもったところを中心に要約する。
〈うなぎのなぞを追って〉

俳句をつくって句会をしよう

「調べたことを、発表しよう」
ねらい：調べたことをポスターにまとめて発表する。

「わたしの研究レポート」
ねらい：調べたいことを決めて、報告する文章を書く。

読んだことを活かそう」
らい：「話すこと聞くこと」グループで物語の問いや答えをまとめる話し合いをする。／「読むこと」主人公に関して、共感したところや疑問に思ったところを出し合って解決する。
つり橋わたれ〉〈貝がら〉〈ポレポレ〉〈走れ〉

「並行読書をしよう」
ねらい：「話すこと聞くこと」グループで物語の問いや答えをまとめる話し合いをする。／「読むこと」複数の安房直子作品を読み比べて、物語の問いを立て、解決する。
〈うさぎ座の夜〉〈雪窓〉
〈声の森〉〈きつねの窓〉

表３－４－１　トピック学習を軸に展開する国語科学習カリキュラム　第４学年

トピックの種類　①ことば　②言語生活　③言語文化　④メディア（さまざまな表現媒体　写真　新聞　テレ

トピックの種類	１学期　２学期
教室内の話し合う風土づくり	互いに気を配り合う教室 【配慮】
話合いのスキルアップに資する日常的取組	思考ツール（ベン図）の学
①言葉	「ばらばら言葉を聞き取ろう」 「いろいろな意味をもつ言葉」 「春の言葉見つけ」 「文と文とをつなぐ言葉 「夏の言葉見つけ」
②言語生活	「漢字の組み立て」　「漢字辞典って何だろう」　「読書感想文を書こう **「学級で話し合おう　わたしたちの学級旗」** ねらい：役割を理解し、目的に応じて、学級全体としての考えをまとめる話し合いをする。
③言語文化 物語	**「物語のふしぎについて話し合おう」** ねらい：複数のあまんきみこ作品を読み比べて、物語の不思議を捉える。 〈白いぼうし〉〈あまんきみこ作品〉 **「同じ年ぐらいの登場人物 主人公の物語を読もう」** ねらい：主人公を中心に、語の問いを立て、解決する。 〈プラタナスの木〉
説明文	**「段落のつながりを考えよう」** ねらい：読者を納得させる論の展開を考えながら読む。 〈大きな力を出す〉 〈動いて、考えて、また動く〉 短歌・俳句に親しもう
④メディア	**「附小新聞をつくろう」** ねらい：取材をしたり、割り付けを考えたりして新聞をつくる。
「仲間とともに読むことを楽しむ」、「読んで考えたことを表現する力を育てる」読書会	**「読書会をしよう」** ねらい：「話すこと聞くこと」グループで物語の問いや答えをまとめる話し合いをする。／「読むこと」ファンタジーを読むことを楽しむ。 〈小さなお客さん〉〈山ねこおことわり〉 〈ほん日は雪天なり〉〈うんのいい話〉 〈すずかげ通り三丁目〉 **「読書会をしよう」** ねらい：「話すこと聞くこと 互いの考えを受け入れなが 問いに対する答えをまとめる ／「読むこと」物語のしか を読む解くことを楽しむ。 〈ファンタジーと推理小説〉

表3－4－2　協働的な話し合いの要素

協働的な話し合いの要素	内容	具体
技能	形態	グループや学級全体での話し合いができる。
	話題	「自分たちのアイデアは目的に応じているか」という話題で話し合いができる。
	言語活動	学級旗をつくるという目的に応じて、話し合うことができる。
	展開の仕方〈機能〉	考えをまとめるための複数の言葉の働きを考えながら使い、話し合うことができる。
	思考の仕方〈内容〉	学級旗をつくるという目的に応じ、考えをまとめるための複数の要素を捉え、学級全体で考えをまとめることができる。
認知	展開に関すること	「それぞれの役割はどのようなものかな」と考えて、話し合い全体を捉える。
	言葉に関すること	「考えがまとまる言葉は何かな」と考えて、話し合い全体を捉える。
	話し合いそのものに関すること	学級全体で考えをまとめる話し合いには、複数の要素があるということを捉える。
情意	価値	話し合う仲間がいたからこそ、考えをまとめることができたと思う。
	態度	互いの役割を補い合いながら話し合う。

うという情意が育まれれば、グループであろうとクラス全体であろうと、今までよりもずっと協働的に話し合えるはずです。

この単元で育みたい話し合いの力

四年生では、クラス全体で話し合ったことを実行したくなるような授業を念頭に置き、「話し合いでは、仲間と補い合うことが大切なんだな」という情意が喚起されるような単元をデザインしました。その目標は、「話し合いにおける役割を理解し、目的に応じて、クラス全体としての考えをまとめるための話し合いをする」力の育成となります。この目標には、右のような話し合いにおける「技能」、「認知」、「情意」が含まれています（**表3－4－2**参照）。

学習指導要領に即した本単元の目標と評価

参考までに、本単元における学習指導要領（平成二九年度版）の目標と評価を記載しておきます。学習指導要領では、目標について以下のように記されています。

知識及び技能

・言葉には、考えたことや思ったことを表す働きがあることに気付くことができる。（(1)ア）

思考力、判断力、表現力等

・目的や進め方を確認し、司会などの役割を果たしながら話し合い、互いの意見の共通点や相違点に着目して、考えをまとめることができる。（A(1)オ）

学びに向かう力、人間性等

・言葉がもつよさに気付くとともに、幅広く読書をし、国語を大切にして、思いや考えを伝え合おうとする。

一方、評価基準に関しては以下のようになります。

知識・技能

・話す言葉は同じでも、話し方の違いで相手の受け取り方が異なることに気付いている。

思考・判断・表現

・司会者、参加者の役割や方法を理解し、話し合いの目的や互いの考えの共通点を考えながら、学級旗をつくることについて話し合っている。

主体的に学習に取り組む態度

・学級旗をつくるという目的に応じて、学級全体の話し合いにおける役割や方法を考えながら話し合っている。

このような話し合いの力を育むために、学級旗のデザインを決める話し合いをするという言語活動を設定しました。

前述したように、四年生はクラスで協力して物事に取り組もうとする学年となりますので、学級旗はその証として残ります。また、旗のデザインを一人ひとりが考えるところからこの言語活動はスタートしますので、話すことが苦手な子どもでも意欲的に取りかかることになります。

話し合いで決まったデザインの学級旗をつくることになるわけですが、その後もクラスに飾ったり、運動会などで活用することで、「話し合う仲間がいたからこそでき上がったものなんだ」という情意が増幅することになります。

本単元が生まれるまでの種まき

単元の導入前に、二つの種まきを行います。

一つ目として、教室の背面に各国の国旗や学級旗、そして大漁旗を掲示しておきます。これは、旗というものへの興味を喚起するための種まきです。参考までに、教室の背面に貼った国旗の写真を提示しておきます。

二つ目として、「スーパープレゼンテーション『愛される旗のデザインとは?』（ＮＨＫテレ３・大阪、二〇一五年一一月一一日放送、二五分）」を視聴します。この番組は、アメリカのラジオプロデューサーでもあり、『街角さりげないもの事典』（光文社、二〇二三年）の著者であるローマン・マーズ（Roman Mars）が、旗章デザインにおける

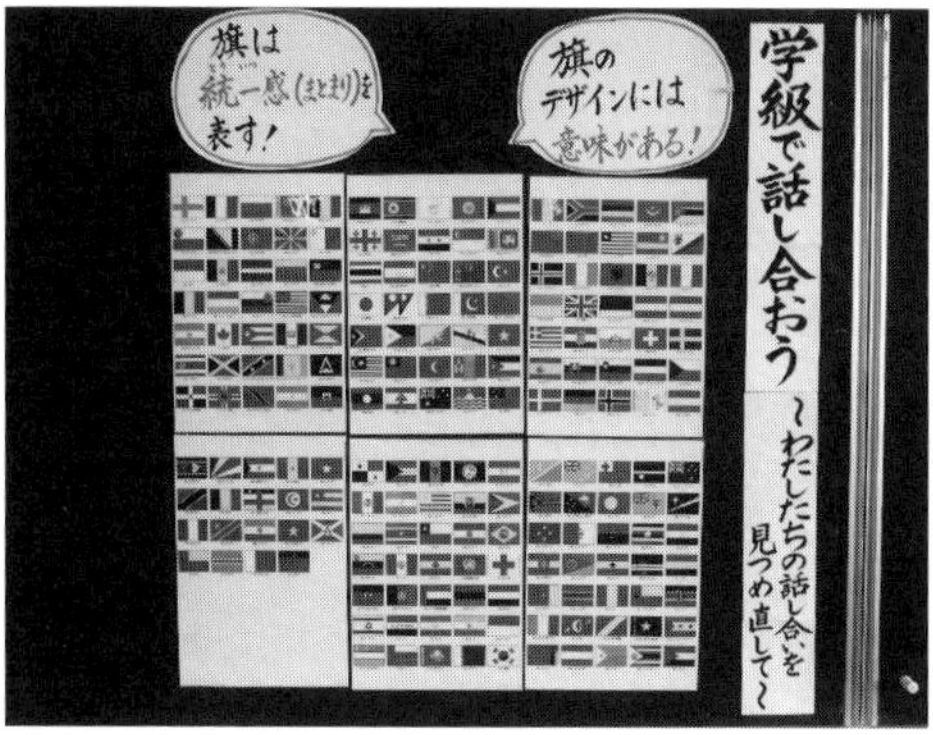

国旗の写真

表3－4－3　単元展開（全9時間）

<table>
<tr><th>学習過程</th><th>学習のねらい</th><th>主な学習活動</th><th>指導上の留意点</th></tr>
<tr><td rowspan="2">導入</td><td colspan="3">本単元が生まれるまでの種まき……世界の国旗の掲示、学級旗や大漁旗の掲示
「スーパープレゼンテーション『愛される旗のデザインとは?』」の視聴</td></tr>
<tr><td>1　学級旗をつくる話し合いをするという単元をつくる。</td><td>1　単元の設定</td><td>○東京オリンピックのエンブレムのデザインについて考えたり、今までの話し合いを振り返ったりする場を設ける。</td></tr>
<tr><td rowspan="10">展開</td><td colspan="3">私たちの話し合いを見つめ直しながら、学級旗をつくることについて学級で話し合おう。</td></tr>
<tr><td colspan="3">学級旗をつくるための話し合いに必要な役割やデザインを決める方法を話し合おう。</td></tr>
<tr><td>2　学級全体で話し合いをするときに必要な役割や旗を決める方法を話し合う。</td><td>2　話し合いに必要や役割や方法についての話し合い</td><td>○今までの話し合いの問題点を出し合う場を設け、司会者、参加者、提案者という役割があることを確認する。</td></tr>
<tr><td colspan="3">学級旗をデザインを決める話し合いをしよう。</td></tr>
<tr><td>3　3～5人のグループで試しの話し合いをする。</td><td>3　3～5人のグループでの試しの話し合い</td><td>○事前に一人ひとりが描いた学級期のデザイン画を持ち寄り、グループ内で司会者と参加者という役割を決め、話し合う場を設ける。

指導のポイント</td></tr>
<tr><td>4　役割を果たしながら考えを一つにまとめる話し合いについて考える。</td><td>4　役割を果たしながら考えをまとめるための話し合い</td><td>○グループでの試しの話し合いを参考にして作成した話し合いの文字化を基に、司会者、参加者の役割について考える場を設ける。</td></tr>
<tr><td>5　3～5人のグループで2回目の話し合いをする。</td><td>5　3～5人のグループでの試しの話し合い</td><td>○前時の話し合いの続きを行い、考えをまとめ、旗のデザイン画を描くようにする。</td></tr>
<tr><td>6　6～10人のグループ(号車)で話し合い、デザインを一つにまとめる。</td><td>6　6～10人のグループ(号車)での話し合い</td><td>○相互のグループの話し合いを評価し、よいところや改善点を教え合う場を設ける。</td></tr>
<tr><td>7　学級全体で、学級旗のデザインをまとめる話し合いをする。(2時間)</td><td>7　学級全体での話し合い</td><td>○司会者は希望者を募る。いなければ、学活リーダーや日直に委ねる。</td></tr>
<tr><td colspan="3"></td></tr>
<tr><td rowspan="2">終末</td><td colspan="3">私たちの話し合いを振り返ろう。</td></tr>
<tr><td>8　学級全体で考えをまとめる話し合いに対する自己評価をする。</td><td>8　本単元の振り返り</td><td>○本単元で使ってきた言葉や話し合いに必要な態度を確認する場を設ける。</td></tr>
</table>

五つの基本原則を紹介し、「人々に受け入れられるデザインとは何か」というデザインの本質に迫るものです。この番組を視聴すれば、「自分も学級旗をデザインしてみたい」という情意が喚起されるでしょう。

このような二つの種まきをして、本単元に入っていきますが、その様子を**表３－４－３**として掲載しましたので参考にしてください。

本単元の指導のポイント

子どもたちがクラス全体で考えをまとめる話し合いができるように、第四時における指導ポイントを紹介しましょう。ここでは、架空の話し合いから、司会者、参加者のよさ、考えをまとめるポイントを見つけるといった活動を設定します。架空の話し合いは教師が作成するわけですが、第三時において三～五人のグループで行った「試しの話し合い」を参考にしてつくるというのがポイントになります。

私の実践では、第三時に三～五人のグループで、司会者を立てて、旗のデザインを一つにまとめるという話し合いを行いましたが、司会者は指名をするだけ、参加者はデザインとその理由を紹介するだけ、といった話し合いでした。みんな自分の役割を果たすことに必死になりすぎ、考えをまとめるところまで意識が回っていなかったわけです。

そこで、架空の話し合いでは、「指名する」以外の司会者の役割として「整理する／発言を促す／確認する」、「自分の考えを言う」を課し、参加者の役割として「目的を考えて発言する／司会者をフォローする」という要素を追加しました。さらに、「考えをまとめるポイント」として「共通点に着目する／考えを統合する」という要素も追加しました。

架空の話し合いを掲示物とワークシートで示します。さらに黒板には、架空の話に出てくるデザインが分かるように、旗の掲示物も示しました（左ページの写真参照）。傍線や括弧内の言葉は補助として示したものですので、授業の際には、これらを削除した文字だけのワークシートを配付してください。この話し合いのなかから、よいところを見つけ出します。きっと、傍線部の言葉に注目し、司会者と参加者の役割を考えるはずです。

司会　今日は私が司会をするね。まず、一人ずつ順番に、自分がつくった旗について説明してね。その後、グループとして、「協力」を表す四Ａ（クラス名）の旗のデザインについてまとめるね。では、Ａさんからどうぞ。

Ａ　私は、手をつなぐということは「助ける」という意味で、「協力」にピッタリだと思ったので、このデザインにしたよ。

Ｂ　ぼくも、「四Ａ」と「協力」を表したかったから文字で書いたよ。葉は「言葉」を表しているよ。

C　私は、「協力」は心を一つにしないとできないから、ハートを描いたよ。

D　ぼくも、Cさんと同じで、「協力」を表すハートを描いたんだけど、後ろの色はクラスカラーのオレンジと黄色にしたよ。

司会　どれもいい旗だよね。「協力」を表しているところがみんな同じだね（整理する）。「協力」を表すマークとしては……。

A　ハートと握手が出たよ（司会者をフォローする）。

司会　そうだね。では、ハートと握手の二つが出たけど、どうする？

C　私は、ハートという考えが二つ出ているから（共通点に着目する）、ハートを残したほうがいいと思うな。

D　でも、数で決めるのは、納得できる話し合いではないような……。私は、ハートしか考えなかったけど、Aさんの握手は「協力」を表すのにピッタリで、いいな（目的を考えて発言する）と思ったよ。

司会　……。

D　司会者さん、Bさんにも考えを聞いてみたらどう？（司会者をフォローする）

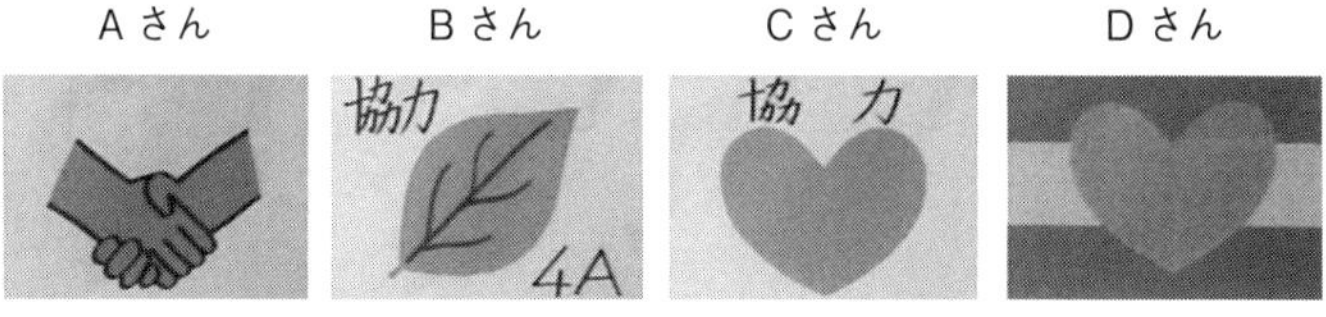

架空の話し合いによる四つのデザイン

司会　Bさんは、どう思う？（発言を促す）
B　別の考えなんだけど、ハートと握手を合体させる（考えを統合する）のはどうかな。ハートの中に握手を入れるのはどうかな。
A　それ、いいね。合体ばかりするとゴチャゴチャになるけど、ハートの中に握手ならあまりゴチャゴチャせずに「協力」の意味も強くなるね。
司会　では、「協力」を表すマークは、ハートの中に握手が入ったマークでいい？（確認する）
全員　はい！
司会　では、次は……。

このように、第四時では、架空の話し合いの文字化を基にして、司会者と参加者の役割について考えていくわけです。そして第五時からは、グループもしくはクラス全体の話し合いへと移りますが、第七時のクラス全体の話し合いでは、教師が提案者として参加することになります。
提案者の役割は、話し合いの最初に提案理由を言うだけではありません。話し合いの最中にも、提案理由をクラス全体に知らせ、軌道修正を行う必要があります。提案者の役割を教師が担うことで子どもたちは話し合いに集中できますし、「提案理由に戻ってみると」とか「私が提案した理由をもう一度確認しますね」と話す教師の姿から、その役割が理解されていくことでしょう。

第四時の授業展開を紙上で再現

ここでは、本単元の要となる第四時の授業展開を紹介します。ここでの授業の「主眼」は以下のようになります。

架空の話し合いの文字化から、司会者と参加者のよさや課題、考えをまとめるポイントを見つける活動を通してそれぞれの役割を考えたり、グループで考えをまとめながら話し合うことができるようになる。

準備するものは、架空の話し合いの文字化の掲示物（一二四～一二六ページ参照）と、旗のデザイン画四枚（一二五ページ）、話し合いの文字化のワークシート、そして水性マーカー（赤）となります。子どもたちは、前時において「試しの話し合い」をすでにしていますので、導入時においてそのときの感想を聞いてみたところ、次のように言っていました（子どもの名前はすべて仮名）。

矢部　一人ひとり、考えは言ったんだけど、そこからなかなかまとまらなかった。

今宮　私は司会をしたけど、誰を当てようかって迷ってしまって、自分の考えを言うのも忘れてしまった。
前村　ぼくは参加者だったけど、どの人のデザインもよくて……。それで、全部を合体させようとしたらゴチャゴチャになって、結局、何の旗か分かんなくなった。
古賀　でも、誰か一人の意見に決めるのは、違うと思うんよ。

どうやら、前回の話し合いはうまくいってなかったという自覚はあったようです。また、声の大きな人のデザインに決める、多数決で決めるということはしたくないようでした。そのような子どもの気持ちをくんで、「めあて」を「司会者、参加者の役割を考えよう」にしました。

さて、「めあて」を立てたあとは、早速、「このグループの話し合い、みんなはどう思う？」と言って、架空の話し合いの掲示物を黒板に貼り、同じものが書かれたワークシートを配付します。架空の話し合いで使われている旗のデザインも架空なので、ここで一つ一つ、旗のデザインについて簡単に説明してから、教師が話し合いを読み上げます。

文字化されたものを読むのには慣れている子どもたちですから、私が読み上げるのと同時に、ワークシートの言葉に線を引いたり、矢印で考えをつないだりしはじめました。

その後、どんなところに線を引いたのか、何に気が付いたのかについてみんなで話し合います。

この間、教師は、子どもがどんなところに線を引いているのか、その言葉をどのように捉えているのかなどを観察します。

一〇分近くが経ったころに、「あなたたちは、この話し合いから何を考えたの？」と発問すると、たくさんの手が挙がりました。グループで話し合ったことで、自分の考えに自信がもてたようです。指名した子どもに、黒板の前に来るように促し、水性マーカー（赤）を渡します。子どもは、架空の話し合いの掲示物に赤で印を付け入れながら発表していきます。

梶原　ぼくが線を引いたのは、Aさんの「（赤線を引きながら）ハートと握手が出たよ」です。どうしてかというと、司会を助けているからです。

児童　同じです。

岡本　Aさんのいいところはほかにもあって、「（赤線を引きながら）それ、いいね」です。どうしてかというと、ほかの人の意見を認めているからです。

瀬田　相手の考えを認めるのは、基本じゃない？

岡本　でも、そうじゃない人もいるかもしれないから、大事。

教師　相手の考えを認めるというのは。考えをまとめる基本ということね。これ、絶対に大事なことよね。

このようにして、子どもの発言を受け、教師が価値づけしていく形で学習が進みます。まだまだたくさん手が挙がっているので、教師は指名を続けます。

田中　私が注目したのは、Bさんの「（赤線を引きながら）別の考えなんだけど、ハートと握手を合体させるのはどうかな。ハートの中に握手を入れるのはどうかな」です。

児童　同じです。

田中　どうしてかというと、まとめるだけじゃなくて、新しい考えにしているからです。

小池　付け加えがあります。これまで「協力」を表すのに、「協力」という言葉と「ハート」と「握手」の三つが出ていたわけじゃないですか。でもBさんは、「ハート」と「握手」を合体させるデザインを出した。だから、デザインは3＋1になったわけだけど……。

児童　おおっ！

小池　Bさんの考えには三人のデザインが入っているわけだから、納得しやすい。

岡本　確かに、共通点ね。

このように子どもたちは、使うとよい言葉だけでなく、どうしてその言葉があると考えがまとまりやすくなるのかという機能まで考えはじめました。発表ではさらに、参加者や司会者のよいところが出され、最終的には、司会者の役割は「意見を絞る／みんなに平等に聞く」、一方、参加者の役割は「司会者を助ける」となりました。

前回までは、「司会者は指名をするものだ。参加者は自分の考えを言うものだ」と考えていたわけですから、本時の学習において子どもたちは、司会者、参加者の役割の捉え方を大きく広げたことになります。

さて、まとめの時間です。子どもたちは次のように振り返りました。

中島　ぼくは、司会者はとても大変だと思っていたけど、みんなが助けてくれるなら、できそうだなと思いました。

岡本　誰か一人の考えに決めないで、なるべく共通するところを見つけて合体すれば、多くの人が納得する考えに決まるということが分かりました。

高浜　次の時間は、もう一度、お互いに助け合いながら、共通点を見つけて話し合いたいです。

学習の成果❶――三六個のデザインが九つにまとまる

この単元では、一人ひとりがもっている学級旗のデザインを、三～五人のグループ、六～一〇人のグループ（このグループを「号車」と呼びます）、そしてクラス全体というように段階的に話し合いの規模を大きくして、最終的に一つのデザインにまとめていきます。このような話し合いを経て、役割を果たしながら相互に補い合って考えをまとめる力を身につけていきます。

まずは、三〜五人のグループの話し合いによって、三六個のデザインが九つにまとまった様子を紹介します。第三時では、一人ひとりが七センチ×一〇センチの紙に学級旗のデザインを描いて持ち寄り、三〜五人のグループで架空の話し合いを行いましたが、うまくまとまったグループは少数でした。そのため、第四時に司会者と参加者の役割を考える学びを行ったわけです。

すると、第五時の話し合いでは、どのグループもスムーズにデザインをまとめることができました。その証拠が右下の写真です。これは、A班の三人が話し合いのときに書いたホワイトボードですが、デザインの共通点を見つけています。そして、その共通点がすべて取り入れられる新たなデザインを、ホワイトボードの右上に試し描きしています。

A班と同じく、そのほかのグループも、司会者と参加者の役割を果

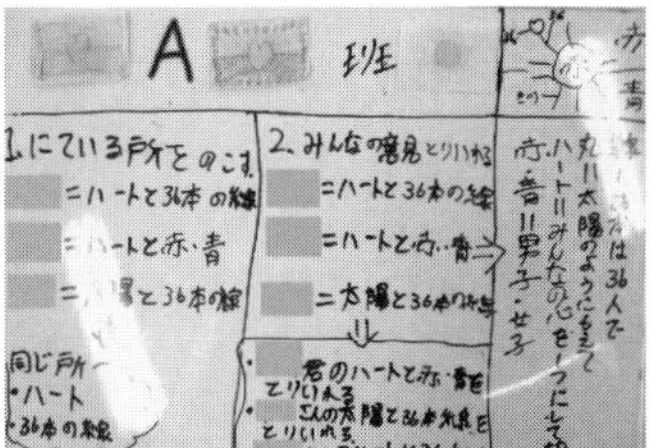

A班が書いたホワイトボード

グループによる九つのデザイン

たしながらも、お互いに足りないところは補い合い、考えの共通点を見つけてデザインをまとめていきました。その結果、クラス全体として、九つのデザインが出されることになりました（右ページの左側の写真参照）。

学習の成果❷——九つのデザインが四つにまとまる

次は、六〜一〇人のグループ、つまり「号車」での話し合いを紹介します。第三時と第五時の話し合いは三〜五人のグループでしたから、第六時の人数構成は、二つあるいは三つのグループが一緒になった状態です。それぞれのグループが一つずつデザインを持ち寄るので、一つの号車では二つのデザインをまとめることになります。つまり、クラス全体では、九つのデザインが四つに絞られることとなります。

「六〜一〇人もの人数で、上手に考えがまとまるかな」と心配になることでしょう。しかし、第四時の学びがしっかり身についていれば心配無用です。ここでも、役割を果たしながら、お互いに補い合って考えをまとめる話し合いをしていけばよいのです。私の実践では、二つあるいは三つのデザインを一つにまとめるため、グループよりもむしろ号車の話し合いのほうが共通点も見つけやすく、スムーズに考えがまとまっていました。

人数が増えたことで司会者が困っている場面も見られましたが、その分、参加者も増えていることからフォローが手厚くなり、「司会者さん、まだ○○さんが発言してないよ」とか「私が、決まったことを整理しようか」という補い合いの発言がたくさん聞かれました。このようにして決まった四つのデザインを写真に示します。

次の第七時では、いよいよクラス全体での話し合いとなりますが、各号車がどうしてこのデザインにまとめたのかという理由を説明するところからはじめることになりますので、デザインだけでなく、模造紙にデザインの説明を書いて提示できるようにしておきましょう（写真参照）。

それにしても、どのデザインもな

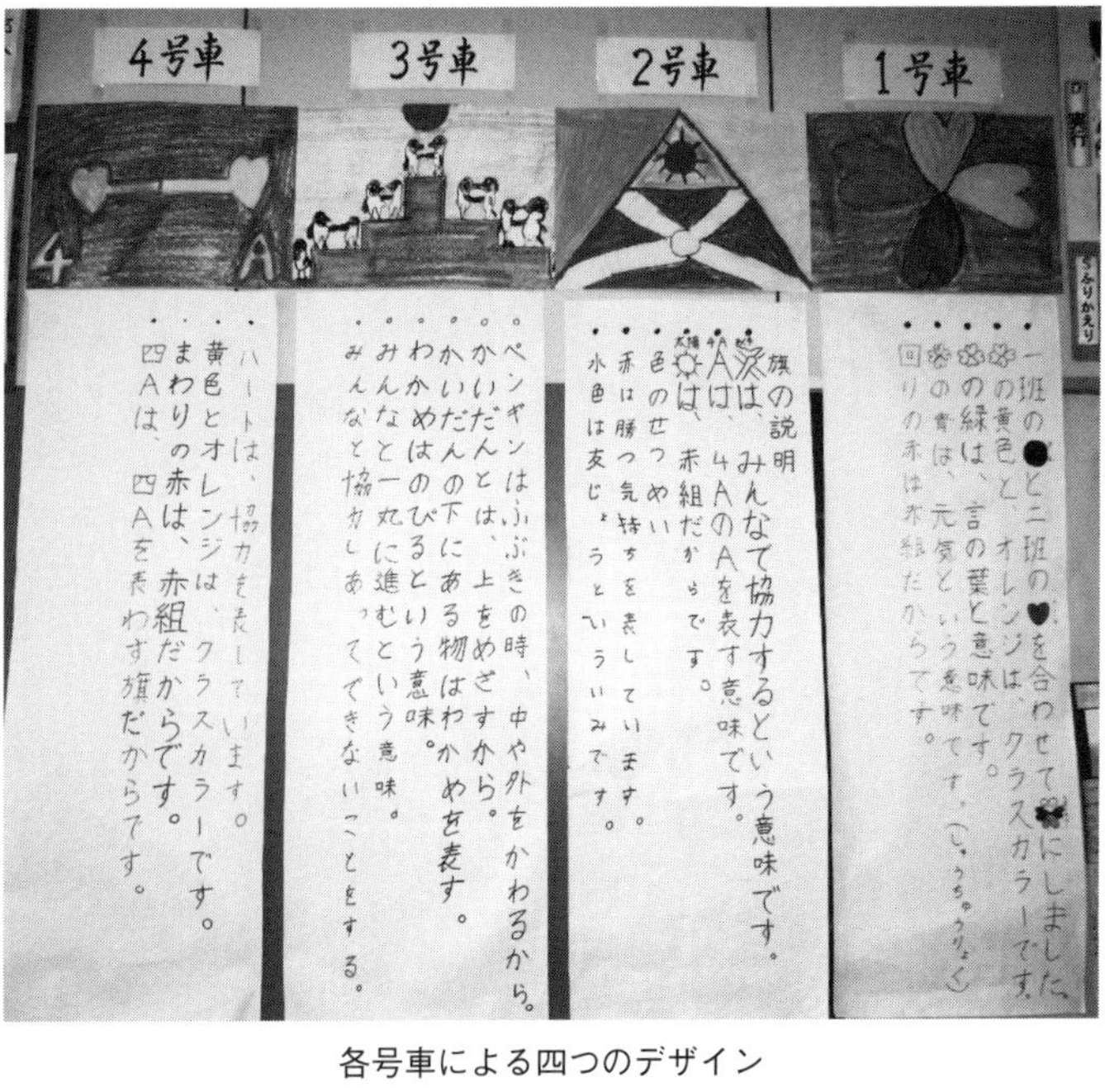

各号車による四つのデザイン

かなか素敵だと思いませんか。「旗のデザインとしては少し複雑だな」というものもありますが、この四つのデザイン、一体どのようにまとまっていくのでしょうか。

学習の成果❸──四つのデザインが一つにまとまる

さて終盤、最後となる第七時の様相を紹介します。前時までに四つのデザインに絞られていますので、本時でいよいよ学級旗のデザインが一つにまとまります。私の実践では、司会を日直が務めましたが、誰が司会をしても大丈夫です。すでに子どもたちには、お互いに補い合う協働的な学び合いの力が身についているからです。

ここでは、先述したように教師が提案者として話し合いに参加し、話が逸れてきたら「提案理由に戻ってみると……」などと発言して、軌道修正を行っていきます。

各号車の代表者が、旗のデザインとその理由を発表しました。3号車の発表を紹介しましょう。

「僕たちはペンギンを描きました。前にも話したんだけど、ペンギンは、餌をとるために協力するという意味です。これは一応、握手をしているんですよね。この握手という意味は協力という意味です」

このように、四つのグループが模造紙に書いたことをもとに発表しました。その後に行われたクラス全体の話し合いの様子をのぞいてみましょう。

岡本　気付いたところなんだけど、共通点で、太陽も含めて、みんな赤があるから、A組は赤組として、赤色を取り入れたほうがいいと思いました。

古賀　私も気付いたことがあって、1号車はシンプルなんだけど……。だめっていうわけじゃないんだけど、3号車のペンギンを描くのって難しくないですか？　教室の後ろに「子どもが描けるくらいシンプル」って書いてありますよね。子どもがペンギンとか描けないじゃないですか？

岩井　描けるし。

鈴木　文句は言わない。まだまだまだ、聞くよ。

司会　気付いたことは気付いたことでも、目的に合うように、賛成意見として気付いたことを言ってください。

なかなか面白い展開ですね。「ペンギン」の絵の複雑さに気付いた子どもが出てきました。また、古賀さんからは、「子どもが描けるくらいシンプル」という言葉が飛び出しました。ここで「旗とはどういうものか」について考えた種まきが効いてくるとは驚きです。しかし、その指摘を受け入れられない岩井くん。そこは、鈴木さんが上手にフォローしています。さて、続きを見てみましょう。

田中　私は2号車の旗がいいと思います。どうしてかというと、2号車はただ△（太陽のように明るい学級を目指すことを表したピラミッド図）にするだけではなくて、その△をAに見立てて、分かりやすいようにしているところがいいと思います。

久松　ぼくは4号車がいいと思いました。ただ、ハートだけだと何のことか分からないけど、ハートが握手しているから、協力につながると思ったからぼくは賛成します。

河野　合体できるところがあるんだけど、1号車のこれと4号車のこれって、両方ハートですよね？　だめかもしれないんだけど、（黒板に即興で絵を描きながら）こうあったら、また下にもこんな感じでやって……。こんな感じで、急いで描いたからちょっと分かりにくいんだけど、全部ハート型にしたら、これとこれが合体できるんじゃないかと思います。

岩井　ぼくはちょっと反対で。

西田　今は賛成意見だよ。

岩井　違う、違う。ぼくは3号車がいいと思いました。さっき古賀さんは、ペンギンが描きにくいと言ったじゃないですか。でも、教室の旗のところには「ユニーク」って書いてるじゃないですか。だから、いいところが一つでもあったらいいんじゃないですか。ぼくは、ペンギンが最初、「何で協力なのかな」って思ったけど、説明を聞いて意味が分かって、いいアイデアだなと思ったんです。

中島　さっき河野くんが1号車と4号車を合体させると言ったけど、協力って、手をつないだり、助け合ったりするじゃないですか。だから、ペンギンの手をつないだようにすればもっといい意見になると思います。

司会　賛成意見をもとにまとめます。賛成意見で出たアイデアは、赤・握手・カラフル・A・ハート・ペンギン・協力です。今出た意見でまとめてもらえませんか。

ここで、まさかの、岩井くんの登場です。彼は、腹を立てて話し合いを放棄したわけではありませんでした。岩井くんは、3号車の参加者ではないのですが、どうにかしてこの号車のユニークなペンギンのアイデアのよさをみんなに伝えられないかと考えていたのです。その岩井くんの考えを、中島さんがフォローしています。

司会者がこれまでに出された意見を整理しましたが、デザインとしてまとめるのは難しかったようです。そこで、「まとめてもらえませんか」と参加者に助けを求めました。このようにして考えが絞られていき、デザインとしてどのようにまとめるのかという話し合いが続いたわけですが、最終的に考えがまとまった瞬間の様子を紹介しましょう。

司会　学級旗をまとめられる人？

松木　全部の意見を取り入れて、1号車と4号車にはハートがありましたよね？　だから、ここにハートを描いて、この中にグループのペンギンを大きく描いて。
C　ああ、いいかもしれん！　おお！　いいねえ！　ああ！
松木　ペンギンは協力する生き物だって3号車が言ったから、それでここで二人のペンギンが協力するっていうことで、ここをクラスカラーにしたらいいと思います。
西田　司会者まとめて！
司会　4Aの学級旗はこの絵で、太陽の中に4を入れて、このマークでいいですか？
富田　えっ？　何で4なん？
司会　あの、何で4を入れたかというと、これだけだったら四年生っていうことが分からないから……。
富田　大丈夫。クラスカラーで分かるよ。

どうですか。なかなか読み応えのある話し合いではなかったでしょうか。実際の話し合いは、もっと吟味・検討が行われておりましたので、二時間ほどかかっています。しかし、みんな、疲れを見せずに最後まで真剣に話し合っていました。一年間、自分たちの学級旗として残るわけですから他人事ではありません。

「ああ、いいかもしれん！　おお！　いいね え！　ああ！」という声を聞いたときは、話し合いがまとまっていく高揚感を抑えることができず、つい私もニヤけてしまいました。

　掲載した写真は、最終的にでき上がった学級旗と満足そうな子どもたちです。

　私たちがこのように、お互いを補い合いながら真剣に多人数で話し合いを行ったのはいつでしょうか。大人でも難しいものです。話し合わなければならないことがたくさんあるはずなのに、そのようにしていないのではないでしょうか。いや、できていないというのが本当のところでしょう。それに比べて、四年生の子どもたち、協働的な合意形成をしていると思いませんか。

でき上がった学級旗と子どもたち

五年生の学習

単元　深く話し合うっておもしろい
委員会を見直す話し合いをしよう

五年生の実態

五年生は高学年の仲間入りとなります。よって、学校全体を率いる立場ともなります。共通の目的のために、個人が自分の役割に責任をもち、一体となって物事を達成するというように、協働性を発揮するようになります。そして、自分の考えが明確にもてるようになったり、一つの物事を多面的・多角的に検討できるようにもなります。

その反面、主観的・一面的な理論で主張したり、自分と相手の齟齬を気にしすぎたりすることもあるので、話し合いが平行線を辿ることもあります。このような五年生の実態を整理すると、およそ次のようになります。

❶さまざまな状況や場面、条件を考えながら、物事を多角的に捉えたり、共感したりする能力の高まりが見られ、自分たちで話し合いを展開することができるようになる。
❷友達と協働し、相互に尊重しながらグループで学習できるようになる。

〈　〉は教科書教材を指す。→は単元相互の関連を指す。
□の単元は、トピック学習を指す。

スター　パンフレット）の読み書き

3学期

互いに考えを高め合う教室
【相互啓発】

学習・名人見つけ・なかよしトーク

和語・漢語・外来語」

「古文に親しもう」

「熟語を使おう」

「マイ枕草子をつくろう」
ねらい：指定された古語を使い、自分が感じる四季のよさを書く。

「感想文を書こう」

伝記を読み、人物の生き方や考え方について感想文を書く。

委員会を見直す話し合いをしよう」
ねらい：物事について吟味・検討しながら話し合い、理由に納得して考えを削除したり新たな考えを創発したりする。

「新型コロナウイルスについて話し合ったことを発表しよう」
ねらい：カテゴリー別グループで話し合った伝えたいことを、新聞やプレゼンでまとめ、発表する。

宮沢賢治の作品の魅力を伝え合おう」

ねらい：表現やしかけ、異世界への入り口などを視点に物語を読む。

注文の多い料理店〉

「椋鳩十の作品を読もう」

ねらい：描写を基に中心人物の人物像を具体的に想像する。

〈大造じいさんとガン〉


「伝記を読もう」

伝記に書かれている人物の考え方や生き方を読み、自分の考えを深める。〈手塚治虫〉

「和の文化について調べよう」

ねらい：文章と資料を結び付け、論の進め方を考える。

〈和の文化を受けつぐ〉


「テクノロジーの進歩について考えよう」

ねらい：自分の経験を基に、テーマを多角的に捉え、自分の考えを深める。

〈「弱いロボット」だからできること〉

「ご当地パンフレットをつくろう」
ねらい:広島の伝えたいことを決め、それに応じた資料を収集して、パンフレットをつくる。

「並行読書をしよう」

ねらい：「話すこと聞くこと」中心人物の人物像を吟味・検討する／「読むこと」描写を基に中心人物の人物像を具体的に想像する。

〈山の太郎グマ他〉〈金色の足あと他〉

〈アルプスの猛犬他〉〈片耳の大シカ他〉

〈マヤの一生他〉

「読み広げよう」
ねらい：「話すこと聞くこと」伝記の人物の生き方・考え方について吟味・検討し、自分の考えをもつ／「読むこと」：伝記に書かれている人物の考え方や生き方を読み、自分の考えを深める。〈伝記の本50冊〉

表３－５－１　トピック学習を軸に展開する国語科学習カリキュラム　第５学年

トピックの種類　①言葉　②言語生活　③言語文化　④メディア（さまざまな表現媒体　写真　新聞　テレビ

トピックの種類	１学期　　２学期
教室内の話し合う風土づくり	自他の考えを大切にする教室 【尊重】
話し合いのスキルアップに資する日常的な取り組み	思考ツール（マトリックス
①言葉	「漢字の成り立ち」 「敬語の使い方
②言語生活	「新型コロナウイルスに関する報告書を書こう」 ねらい：自分が主張したい意見にふさわしいデータを集めて、報告書を書く。 「私の座右の銘」 ねらい：経験や考えを踏 え、自分の座右の銘につい てスピーチをする。 「新型コロナウイルスについて知りたいことを話し合おう」 ねらい：イメージマップを使って、考えを広げ、共通点でカテゴリーに分ける。カテゴリー別グループで、調べたことを基に伝えたいことをまとめる。
③言語文化 物語	「思いを考えよう」 ねらい：物語の問いを解決していくなかで、描写を基に登場人物の相互関係や心情を捉えることを学ぶ。 〈だいじょうぶだいじょうぶ〉 「物語の読みどころを話し合おう」 ねらい：読後感を基に、グループ別 で、物語の読みどころを探る。 〈世界でいちばんやかましい音〉
説明文	「筆者の伝えたいことをまとめよう」 ねらい：伝えたいことが伝わる論の立て方や資料の用い方を学ぶ。 〈動物たちが教えてくれる海の中のくらし〉
④メディア	「新聞記事を読み比べよう」 ねらい：書き手の意図を捉える。
「仲間とともに読むことを楽しむ」、「読んで考えたことを表現する力を育てる」読書会	「並行読書をしよう」 ねらい：「話すこと聞くこと」表現やしかけ、異世界 の入り口について吟味・検討する／「読むこと」表 やしかけ、異世界への入り口などを視点に物語を読む 〈やまなし〉〈なめとこ山の熊〉〈よだかの星〉 〈セロ弾きのゴーシュ〉〈どんぐりと山猫〉 〈雪渡り〉〈猫の事務所〉

❸話し合いの内容よりも、自分と相手の齟齬を気にする話し合いになることがある。
❹考えが深まったか、ということに関するメタ認知が十分に働くとは言いがたい。

五年生で育みたい話し合いの力

このような実態が理由で、五年生では、相手の考えを認め合うことを基盤として、相互の考えを尊重しながら相互啓発するような創造的な話し合い能力の育成を目指すことになります。互いが自分とは異なる存在であると認め、相手の考えを尊重すること、それぞれの考えを持ち寄ることで相互に啓発し、一つの物事の新しい捉え方を生み出したり、つくり出したりできるという話し合いのよさを認識する力を育みたいものです。

また、忘れてはならないのが、五年生であっても親和的な話し合いが基盤になるということです。「親和的な話し合いの力は低学年で育む力であって、高学年で育む力ではない」と考えがちですが、自己を意識しはじめる段階にいる子どもだからこそ、今一度、共感して他者の考えを尊重することの重要性を学び直す必要があるのです。

本単元で育みたい話し合いの力

五年生では、自分たちで話し合った結果が周囲に影響を与えることを経験する授業を念頭に置

表3－5－2　創造的な話し合いの要素

創造的な話し合いの要素	内容	具体
技能	形態	グループや学級全体での話し合いができる。
	話題	「より良い委員会活動にするにはどうすればよいか」という話題に沿って話し合いができる。
	言語活動	委員会を見直す話し合いの結果を、委員会に還元する。
	展開の仕方〈機能〉	目的に応じて、物事を多面的・多角的に捉えたり、根本を問いただしたりすることができる。
	思考の仕方〈内容〉	より良い委員会活動をするという目的に基づいて、考えを削除したり創発したりすることができる。
認知	展開に関すること	「グループ全体の考えは深まっているか」と考えて、話し合い全体を捉える。
	言葉に関すること	「どのような言葉を使って話し合ったら考えが深まるか」と考えて、話し合い全体を捉える。
	話し合いそのものに関すること	自分はどのような役割を担うべきかを考えて話し合う。
情意	価値	友達との創造的な話し合いがあったからこそ、委員会について深く考えることができたと思う。
	態度	自分の考えをもったうえで全員が話し合いに参加し、自分と異なる考えをもつ友達を尊重して、話し合う。

き、「深く話し合うっておもしろい」という情意が喚起されるような単元をデザインしました。

その目標として、「物事について吟味・検討しながら話し合い、理由に納得して考えを削除したり、新たな考えを創発したりすることができる」力を育んでいきます。

この目標には、上のような話し合いの「技能」や「認知」、そして「情意」が含まれています（**表3－5－2**参照）。

学習指導要領に即した本単元の目標と評価

さて、五年生の場合、学習指導要領（平成二九年度版）における目標は以下のようになっています。

知識及び技能

・原因と結果などの情報と情報との関係について理解することができる。（(2)ア）

思考力、判断力、表現力等

・互いの立場や意図を明確にしながら計画的に話し合い、考えを広げたりまとめたりすることができる。（A(1)オ）

学びに向かう力、人間性等

・言葉がもつよさを認識するとともに、幅広く読書をし、国語の大切さを自覚して、思いや考えを伝え合おうとする。

一方、評価基準は以下のようになります。

知識・技能

・創造的な話し合いには、原因と結果を関係付けたり、根本的な意味について問い直したりすることが必要であることを理解している。

思考・判断・表現

・考えを吟味・検討したり、創発したりするには、どのような言葉を使うとよいのか、その言葉がどのような機能をもっているのかを考え、話し合っている。

主体的に学習に取り組む態度

・委員会を見直すという目的に向かい、自分たちの話し合いを改善しようとしている。

上記のような話し合いの力を育むために、自分が所属する委員会活動や委員会の活動内容について話し合うという言語活動を設定します。

委員会活動は学校の高学年で運営されることが多く、話し合った結果を実行しやすい組織でもあります。五年生には、学校を牽引していくのは自分たちであるという自覚が芽生えていますので、学級においては、新たな活動を創造するといった様子も見られるようになります。つまり、既存の物事に対して、その意味や価値を問いただす話し合いの術《すべ》を知っていれば、五年生の子どもは創造的に話し合い、実行に移せるということです。

本単元が生まれるまでの種まき

単元の導入前に委員会活動の目的について話し合い、委員会活動を振り返るという種まきをします。委員会活動をより良くするための話し合いとなると、「なぜ、仕事ができていないのか。だったらどうすればよいか」という表層的な解決法に関する話し合いが進みがちとなりますが、本単元では、「そもそも、既存の活動が形式的になっていないか。意味ある活動なのか」という物事の根本に問いをもって話し合っていくため、委員会活動の目的から話し合うことになります。

この種まきをすることで、既存の活動が目的に応じているか否かという点に関心が高まりますので、単元にはスムーズに入ることができます。具体的な単元展開を**表3－5－3**として掲載しましたので、参考にしてください。

本単元における指導のポイント

子どもが、物事について吟味・検討しながら話し合い、理由に納得して考えを削除したり、新たな考えが創発できるように、第四時における指導ポイントを紹介しましょう。

一つ目の指導のポイントは、委員会活動について取ったアンケートの結果を、各委員会のグループに提示することです（**表3－5－4**、**表3－5－5**参照）。アンケートの項目は、前時にそ

表3－5－3　単元展開（全7時間）

学習過程	学習のねらい	主な学習活動	指導上の留意点
導入	本単元が生まれるまでの種まき……委員会活動の目的についての話し合い 委員会活動の振り返り		
	1　委員会を見直す話し合いをするという単元をつくる。	1　単元の設定	○委員会活動の目的を確認したり、今までの委員会活動についての悩みを出し合ったりする場を設ける。
	より良い学校をつくるために、委員会活動を見直す話し合いをしよう。		
展開	自分の委員会活動をより良くする話し合いをしよう。		
	2　委員会グループで、現在行っている活動を出し、よさや課題について話し合う。	2　グループによる1回目の話し合い	○活動を書くカードを配付し、話し合いマップに添付するようにする。
	3　自分たちの委員会についてのアンケート項目をまとめる。	3　グループによる2回目の話し合い	○自分たちの委員会についてほかの人に聞きたいことをまとめる。
	自分たちの話し合いを見直そう。		指導のポイント
	4　話し合いを深めるのに大切な言葉の機能やよさについて考える。	4　深める話し合いの言葉の機能やよさを考える	○他者にとった委員会活動についてのアンケートをそれぞれの委員会に提示する。 ○「そもそも」という言葉に焦点化して、機能やよさを考える場を設定する。
	5　委員会グループで、現在行っている活動の展望について話し合う。（2時間）	5　グループによる3回目の話し合い	○実行可能性を考えて、新しい活動を創造したり、改善したりするよう、アドバイスをする。
終末	単元全体で学んだことを振り返ろう。		
	6　考えを深める話し合いに対する自己評価をする。	6　本単元の振り返り	○本単元での学んだことを出し合い、感想を書く場を設ける。

表3－5－4　放送委員会のアンケート結果

1　昼休みと掃除の放送をちゃんと意識していますか。
はい……78％（25人／32人）　いいえ……22％（7人／32人）

2　お昼の放送は楽しいですか。
はい……91％（29人／32人）　いいえ……9％（3人／32人）

3　放送は聞き取りやすいですか。
はい……25％（8人／32人）　時々……16％（5人／32人）
いいえ……59％（19人／32人）

表3－5－5　運動委員会のアンケート結果

運動場で一番危ないと思うところはどこですか。
【5年1組】
第1位：遊具（周りでのおにごっこなども含めて）
第2位：サークルベンチの裏
第3位：サークルベンチ
その他：体育倉庫の裏、砂場、木の近くなど

【5年2組】
第1位：遊具（主にジャングルジムやシーソー）
第2位：サークルベンチ
第3位：体育倉庫の裏
その他：草むら、体育館前、サークルベンチの裏

れぞれのグループで話し合ってまとめていますので、本時までにその結果を教師がまとめ、資料として作成しておきます。

アンケートに答えてもらう人は、同じ学級のほかの委員会に属する人、隣の学級の人、他学年の人などがよいでしょう。

アンケート結果との出合いによって子どもたちは、自分たちの想定を超えた考えと対峙することになります。そこで、自分たちの考えと友達の考えの相違や自分の考えの至

らなさに衝撃を受け、「このままの話し合いではいけない。もっと話し合う必要がある」とか「話し合って、よい解決策を見つけたい」という情意が湧いてきます。

二つ目の指導のポイントは、「そもそも」という言葉に絞って、言葉の機能を考えるようにすることです。アンケート結果によって、自分たちの想定を超えた考えと対峙することになった子どもは、「そもそも、この活動は必要なのか」とか「そもそも、この活動の目的は何なのか」といった活動の根本を問い直す思考を働かせて、話し合っていきます。そこで教師は、「そもそも」という言葉を使って話し合いをしているグループを見取り、学級全体で取り上げます。

そして、次のような「考える場」を設けます。

・どうして「そもそも」という言葉を使うとよいのか。
・「そもそも」という言葉には、どのような働きがあるのか。

また、「そもそも」以外に、どのような言葉を使って話し合いを行うとよいのかについて考えていきます。

物事をより良くするためには、新しい考えを次々に出していくだけでなく、物事そのものの意味や価値を吟味し、それに応じた考えを検討するといった姿勢を欠かすことができませんから、「そもそも」という言葉について考えることが重要になります。

第四時の授業を紙上で再現

まずは、本単元の要となる第四時の授業展開を紹介しましょう。本時における授業の「主眼」は以下のようになります。

各委員会に関するアンケートの結果をもとにして、「話し合いマップ」を活用して話し合ったり、考えを吟味・検討したり、創発したりするための言葉のよさや機能について話し合う活動を通して、「そもそも」などの話し合いの言葉の機能や、その言葉を使うよさを考えることができる。

準備するものは、各委員会のアンケート結果、話し合いマップ、そして付箋（黄色・水色）となります。この日の学習の「めあて」を話し合うわけですが、すでに子どもたちは、アンケート結果を早く知りたくてソワソワしています。そこで、委員会ごとにアンケート結果を封筒に入れて渡します。子どもたちは、渡された瞬間に封筒を開け、アンケート結果を食い入るように見ていました。

放送委員会の子どもたちが**表3－5－4**（一五〇ページ）を見て、次のように言っていました

（子どもの名前はすべて仮名）。

青山　よかった！　昼休みの放送は九一パーセントが楽しいって！
宮本　でも、全員じゃないじゃん。九パーセントは楽しくないって。どうするよ。
平野　「放送は聞き取りやすいですか」の「いいえ」が五九パーセントのほうが問題じゃん。
西口　昼休みの放送は、思ったより、意識して聞かれていないな。

アンケート結果を知った瞬間、子どもたちは想定を超えた考えと対峙することになったようです。そして、この日の「めあて」は以下のようになりました。

「自分たちの委員会以外の人の考えを知って、委員会をより良くするための話し合いをしよう」

さて、子どもたちは、委員会ごとのグループで「話し合いマップ」に考えを書き込みながら話し合いをしていきます。次ページの**図3－5－1**は、図書委員会の「話し合いマップ」です。

教師は話し合いをよく聞いて、**表3－5－6**の言葉が子どもから出てきたら、その言葉を黄色の付箋に書いて、「話し合いマップ」に添付していきます。反対に、「話し合いがうまくいってないな」と感じたグループの「話し合いマップ」には、水色の付箋に**表3－5－6**の言葉を書いて

図3－5－1　図書委員会の話し合いマップ

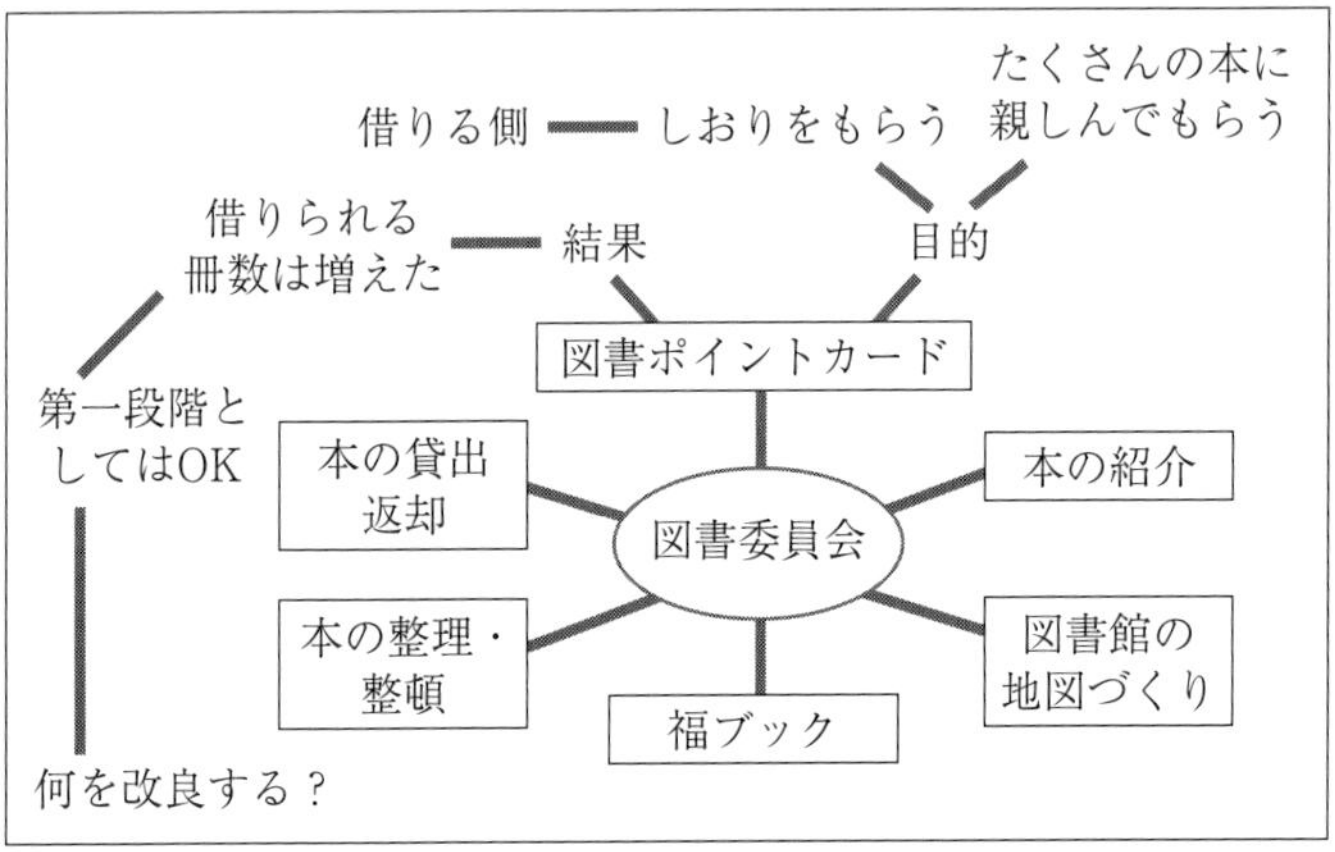

添付します。これらは、考えを吟味・検討、創発する話し合いに対する無言の価値づけ・支援です。

子どもたちは話し合いの内容に夢中になっていますから、教師が話し合いに介入して、流れを止めてしまうことだけは避けたいものです。

この日、図書委員会のグループでは次のような話し合いが展開されました。

山田　図書ポイントカードには、本の楽しさを伝えるという目的が本当に含まれているの？

中村　そもそも、ポイントをもらうのが図書の貸し出しの目的じゃないのに、「ポイントが欲しいから本を借りる」みたいになってる。

森口　でも、低学年の立場に立ったら有効なんじゃない？　実際に、図書室に来る低学年は増えたし。ポイントがめあてでも、それで本をたくさ

表3－5－6　価値づけ、支援する話し合いの言葉

【吟味・検討していると判断する言葉の例　※（　）内は、言葉の機能】
・目的は……。（目的を考える。）
・○○の立場だと～だけど、△△の立場では……。（多角的に考える。）
・そもそも……。（根本を考える。）
【創発していると判断する言葉の例　※（　）内は、詳しい言葉の機能】
・だったら、提案なんだけど（提案）
・思い付いたんだけど（ひらめき）

ん読んでくれてるから、いいんじゃない？

山田　問題は、「高学年にポイントカードは必要か」ということじゃない？　ポイントカードの取り組みをはじめたけど、高学年はあまり図書館に来てないよね。

中村　高学年の立場に立ったら、有効とは言えん気がする。

森口　じゃあ、高学年には、ポイントカード以外の取り組みが必要じゃない？　っていうか、やっぱり、そもそも、ポイントカードって低学年にも必要なん？

しっかりとした話し合いが展開されていましたが、学習はここからが山場です。

子どもたちは、「話し合いマップ」を見ながらグループとしての考えが深掘りされたと思う付箋の言葉を選び、その理由を出し合います。グループでの話し合いの際、教師が各グループの「話し合いマップ」に吟味・検討していると判断する言葉や、創発していると判断する言葉を書いた付箋を貼っているわけですから、子どもたちはそれらに注目するでしょう。もちろん、グループで話し合ったあとにクラス全体で言葉を出し合います。

私の授業では、考えが深掘りされたと思う言葉がたくさん挙げられましたが、「そもそも」という言葉を使って話し合ったグループが多かったので、その言葉に焦点化し、授業を展開しました。子どもたちとのやり取りは次のようなものでした。

山下　私たちのグループでは、「~の必要性は?」とか「そもそも」とか、ちょっと戻ってるけど進んでいる言葉が出ました。

教師　待って、待って。今の「戻ってるけど進んでる」って、意味分かる?　どういうこと?

久保　分かります。何となく、こうじゃないかって。

森口　ぼくたちのグループでも、「ちょっと前に戻ろう」とか「そもそも図書委員会とは」とかが出ました。

高山　ぼくたちは給食委員会なんですけど、アンケートをとる前は、「一年生は、ぼくたちが毎朝書いている給食のメニューボードをめっちゃ見てくれてるんじゃないかな」っていう期待があったんですけど、現実的には、八人しか毎日見てくれてなくて。「そもそも、給食のメニューボードの意味って何だったっけ?」という意見が出て、「そもそも」って考え直しました。

教師　アンケートの結果を見て、もう一回「この意味って何だっけ？」と戻ったのね。でも、戻ったら、話し合いは進まないじゃないの？

児童　うん、確かに。／でも……。／進むよ。／進まんのんじゃない？

（それぞれが口々に発言した。）

加藤　「戻る」というのは「考え直す」ということだから、話し合いの目的や話題が分かってくると思います。

金子　たとえば今、○《まる》の話をしていて、その前に△《さんかく》の話をしていたとします。○《まる》の話題で進まなくなったときに、一つ前の△《さんかく》の話題に戻って話し合いをすることによって、○《まる》の話題がスムーズにいったり、考え直したりすることができると思います。（実際に、このように言っていました。）

橋本　話し合いで意見が食い違ったときに、「何で食い違ったんだろう」って前に戻ってみたら、「自分たちの第一の目的が～だから、今やっていることは違うんじゃないかな」って考え直すことができて、そこから「じゃあ、こうしたらいいんじゃないかな」って新しいことが見えてくる。

永田　ぼくは、前には進まないとけど、その代わり下には進むと思う。「ちょっと前に戻ろう」とか「そもそも」とか言って最初の話題に戻ったら、話題の意味がもっと深くなると思う。

このようなやり取りを終えて、授業の最後に学習を振り返り、次時の「めあて」を話し合います。五年生の発言、どのように捉えましたか。私は、子どもたちが考えを吟味・検討したり、創発したりするための話し合いの言葉の機能や、その言葉を使うよさを考えているように思えました。とくに、金子くんのたとえ話には驚いた次第です。

自分の学級では実現しそうにない、と思いますか？　そんなことはありません。主観的・一面的な場合もありますが、五年生なら日常において、「そもそも」と言って話をしていることがよくあります。それは、さまざまな状況や場面、条件を考えながら、物事を多角的に捉える発達段階に五年生がいるからです。新しい話し合いの技能を教え込むのではありません。日常的に使う言葉の機能やよさをみんなで考えるというのが、この学習の醍醐味です。子どもと一緒に考えるというスタンスで、授業を展開してみてください。

学習の成果――振り返りから見た子どもの学び

第六時には、本単元を振り返る学習を設定しました。振り返りを書くワークシートには、その観点として次の三つを明示しています。

❶学んだこと（話し合いにはどのような心が必要か［情意］、どのような言葉が大切か［技能］、話し合いとはどのようなものか［認知］、など）

❷友達から影響を受けたこと。
❸この学習の感想とその理由。

このように、観点を明示することで自分の学びを自覚することができます。加藤くんが書いた振り返りを紹介しましょう。単元は「委員会を見なおす話し合いをしよう」です。

ぼくは話し合いには、人の意見をきちんと聞いて考えを持つことが大事だと思いました。人の意見というものは、いろいろです。反対の意見、同じ意見、視点を変えた意見。ぼくはそんな意見で自分の意見が変わったり、考えが深くなったりします。だから、人の大事な意見をきちんと聞いて、考えを持つことが大事だと思うのです。

ぼくは、話し合いとは「絵の具」だと思います。自分の意見（自分の色）が、他の人の意見（他の人の色）によって意見が変わる（色が混ざって、またちがう色にな

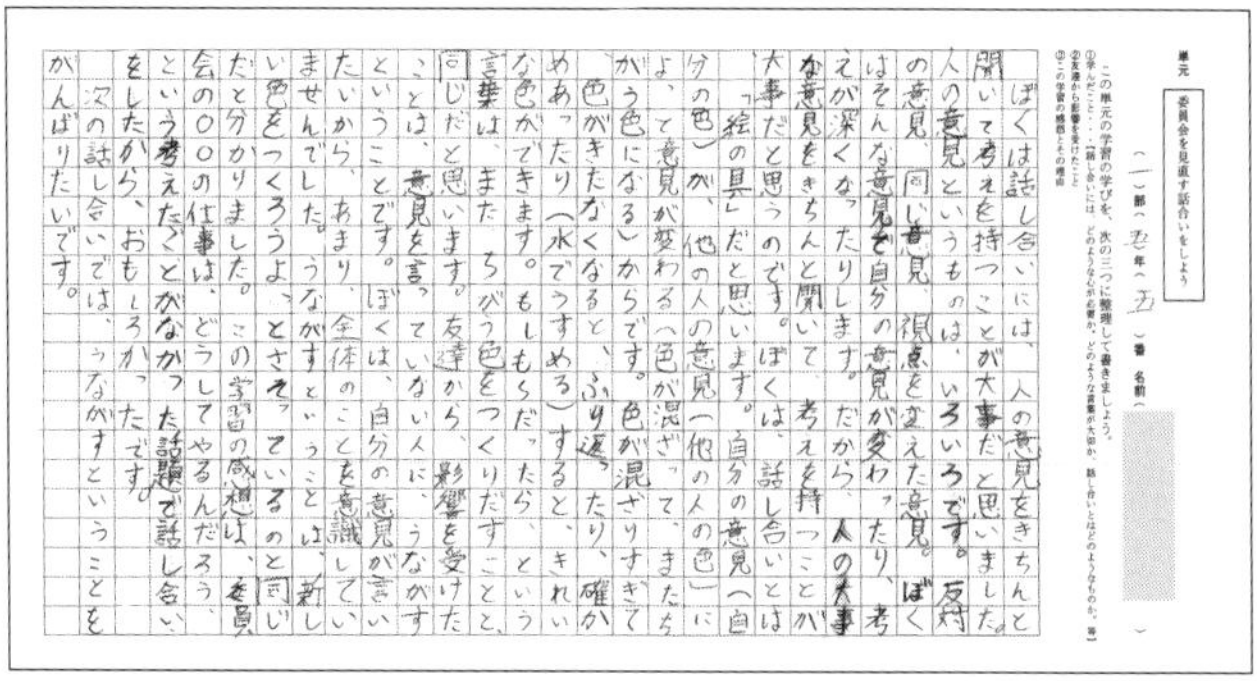

加藤くんの「振り返り」

る）からです。色が混ざりすぎて、色がきたなくなると、ふり返ったり、確かめあったり（水でうすめる）すると、きれいな色ができます。もしも〜だったら、という言葉は、また、ちがう色をつくりだすことと同じだと思います。

友達から、影響を受けたことは、意見を言っていない人に、うながすということです。ぼくは、自分の意見が言いたいから、あまり、全体のことを意識していませんでした。うながすということは、新しい色をつくろうよ、とさそっているのと同じだと分かりました。

この学習の感想は、委員会の○○の仕事は、どうしてやるんだろう、という考えたことがなかった話題で話し合いをしたから、おもしろかったです。

次の話し合いでは、うながすということをがんばりたいです。（改行を加えている）

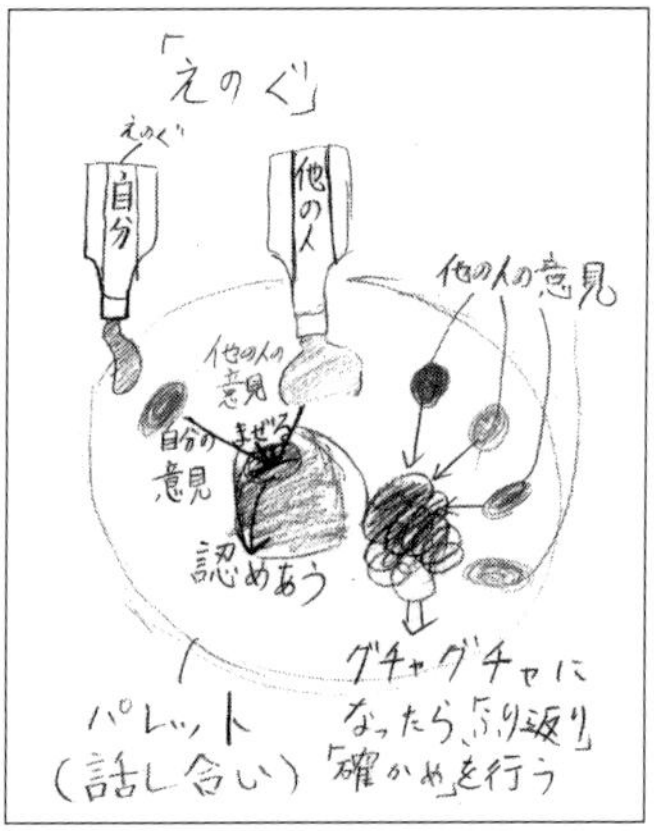

加藤くんが描いた絵

読まれて分かるように、加藤くんは話し合いを絵の具にたとえて認知しています。それぞれの意見を絵の具にたとえて、創造的な話し合いはそれぞれの色を混ぜたり、薄めたりする行為であ

付録　学習の手助けとなる「話し合い活動」後に使用したワークシート

図3－5－2　話し合いの内容の振り返り（第2／3／5時）

委員会

（1）活動内容　(No.　　　　　)

（2）話合いの内容

意味・価値・原因・予測など

（3）結果、どうすることにしたか。

（4）結論

図3－5－3　話し合いの仕方の振り返り（第2／3／5時）

単元　委員会を見直す話し合いをしよう

五年（　）番　名前（　　　　）

回目の話し合いの振り返り

① 今日の話し合いの深まり度

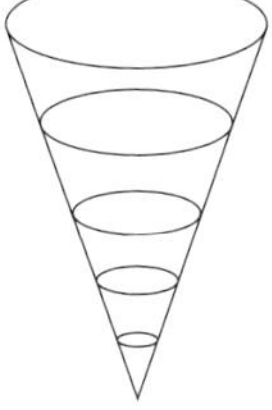

② ①のように評価した理由

③ グループで話し合いが深まるきっかけとなった「言葉」

1	「　　　」 誰が言った？ →(　　　)
2	「　　　」 誰が言った？ →(　　　)
3	「　　　」 誰が言った？ →(　　　)
4	「　　　」 誰が言った？ →(　　　)

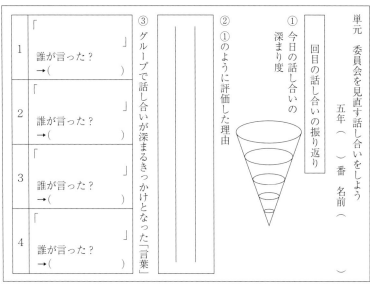

るとしています。そして、発言していない人に発言を促す場合は、「新しい色をつくろうよ」と誘っていることだとし、話し合いの情意を見いだしています。

それにしても、素晴らしい振り返りとなっています。文章の構成もさることながら、絵の具というたとえの挙げ方を見て、思わず納得してしまいました。このように、五年生になると、話し合いの全体構造や言葉の働きを自分なりに捉えて表現することが可能なのです。さらに加藤くんは、振り返りのワークシートの裏面に絵を描いていました。日常的な取り組みにおいて思考ツールを用いることに慣れていると、言葉だけでなく、絵や図で自分の考えをより分かりやすく整理し、相手に示せるようにもなります。

この単元では、クラスにおいて委員会活動を見直す話し合いを行っただけです。だから、話し合った結果が、即、委員会の活動に反映されるわけではありません。しかし、クラスでここまで深く委員会活動について話し合ったことで、実際の委員会では自信をもって、学校をより良くするための提案を行うことができます。そうすると、これまで形式的に行っていた活動が削減されたり、もう一度、活動の意味や目的が再確認されて、より良い活動になったり、新たな活動が創出されるかもしれません。つまり、学校全体をより良く変える可能性があるということです。

子どもたちが「話し合ったことには価値がある」と実感できるように、それぞれの委員会で、クラスで話し合ったことを提案するようにと促し、励ましてください。

六年生の学習

単元「自分のために話し合う　自分が納得する考えをつくろう　ぼくたちはなぜ、学校へ行くのか」

六年生の実態

六年生、あまり表情には出しませんが、その内心は最高学年としての意識が強く、学校生活をより一層充実させようとする気持ちが高まっています。その一方で、思春期でもあることから、クラス内における自分の立場や友達との関係性に悩む子どもが多いというのが実情です。自分と友達を比べて、過度な優越感をもったり、必要以上に萎縮したり、反対に傲慢になったりするなどといった極端な反応も見られますが、「そんな自分を変えたい。その状況を打破したい。友好的な人間関係を築きたい」という意志もきちんともっています。

六年生の実態を整理すると、次のようになります。

❶最高学年としての位置づけと役割に対する意識が強く、協調性が高まり、学校生活をより一層充実させようとする創造性が高まる。

❷自己の内面を見つめるようになる。

〈　〉は教科書教材を指す。→は単元相互の関連を指す。
□の単元は、トピック学習を指す。

(ポスター　パンフレット）の読み書き

3学期

互いに納得解を求め合う教室
【相互探究】

の学習・名人見つけ・なかよしトーク

視点を可視化する
【付箋】

分析する
【クラゲチャート】
【熊手チャート】

包合関係を表す
【マトリョーシカ図】

「秋の深まり」

「春を待つ冬」

「鑑賞文の言葉を集めよう」
ねらい：鑑賞したことを表すための言葉を、絵画本のなかから探して集める。

「この絵、わたしはこう見る」
ねらい：鑑賞文を読んで学んだことを基に、自分が選んだ絵画の鑑賞文を書く。

「新6年生に贈る漢字」
ねらい：6年間の経験を基に、新6年生に贈る漢字を決めて意味を調べ、メッセージを書く。

「自分が納得する考えをつくろう
ぼくたちはなぜ、学校へ行くのか」
ねらい：答えのない問題に対する解を様々な視点から検討する話し合いをし、納得解をつくる。

「自分が納得する考えをつくろう
～平成から新しい時代へ～」
ねらい：答えのない問題に対する納得解をつくる。

「宮沢賢治の世界を味わおう」
ねらい：複数の出版社から出された〈やまなし〉の挿絵を比較し、優れた表現を読む。
〈やまなし〉

「問いをもって読もう」
ねらい：問いを立て、解決に向けて話し合う。
〈海の命〉

「落語を楽しもう」

「筆者のものの見方をとらえよう」
ねらい：文章表現から筆者のものの見方をとらえる。
〈『鳥獣戯画』を読む〉
〈鳥獣戯画〉

「テスト問題をつくろう」
ねらい：今までの学習を活かし、自分たちでテスト問題をつくって解き合う。
〈自然に学ぶ暮らし〉

修学旅行のパンフレットづくり

わが校のよさを新1年生に伝える
パンフレットづくり②

の特徴を見出す話し合いをしよう。／
ら読もう。〈まなぶ〉〈ぼくたちはな
すごいね！みんなの通学路〉〈ランド
ものはなんですか？〉〈あかちゃん
いちゃん〉〈さがしています〉〈ナヌー
のおじいちゃん〉

「読み広げよう」
ねらい：「話すこと聞くこと」選んだ絵画のよさを語り合おう。／「読むこと」絵を鑑賞する観点に沿って、絵を読もう。〈ひらめき美術館〉〈お話名画シリーズ鳥獣戯画他〉〈THE ART BOOK FOR CHILDREN〉

表3－6－1　トピック学習を軸に展開する国語科学習カリキュラム　第6学年

トピックの種類　①ことば　②言語生活　③言語文化　④メディア（さまざまな表現媒体　写真　新聞　テレ

トピックの種類	1学期　　2学期
教室内の話し合う風土づくり	自他の考えを分化し、大切にし合う教室 【分化】
話合いのスキルアップに資する日常的な取り組み	思考ツール（熊手チャート他 共通点と相違点を見つける 【ベン図】 論理を組み立てる 【ピラミッド図】 比較する 【マトリックス】 考えを広げる 【イメージマップ】
①言葉	「春のいぶき」 「夏のさかり」
②言語生活	「6年生の双六づくり」 ねらい：卒業までの出来事を予想して、理想の双六をつくる。 「考えを広げる討論会をしよう」 ねらい：相手の発言の意図を考えながら聞き、考えを広げる。
③言語文化 物語	「登場人物の心情を読み取ろう～重松清の世界～」 ねらい：心情を表す言葉に着目して読む。 〈カレーライス〉
説明文	「写真絵本を楽しもう」 友達と写真絵本を読んで 特徴について話し合う。 〈森へ〉
④メディア	わが校のよさを新1年生に伝えるパンフレットづくり①
「仲間とともに読むことを楽しむ」、「読んで考えたことを表現する力を育てる」読書会	「読み広げよう」 ねらい：「話すこと聞くこと」互いの考えを受け入れながら話し合おう。／「読むこと」グループで問いを立てて、話し合おう。 〈おとうと〉〈ライギョ〉〈葉桜〉〈バスに乗って〉〈正〉〈もこちん〉 「読み広げよう」 ねらい：「話すこと聞くこと」写真絵 「読むこと」写真絵本のよさを味わい ぜ、学校へ行くのか〉〈平和の種をまく セルは海をこえて〉〈あなたのたいせ がうまれる〉〈ツバル〉〈竹とぼくと クのおくりもの〉〈アラスカ探検記〉〈

❸周囲との関係において自分を見つめ、自己を規定していくようになる。
❹学び方や学習意欲の差異が明確に表れる。

六年生で育みたい話し合いの力

このような実態をふまえて六年生では、自他の考えを分化しながらも互いに探究し、自分が納得のいく答えをつくり出すという創造的な話し合いの能力育成を目指すことになります。

六年生は考え方の違いに敏感ですが、このような差異性は、創造的な考えを生み出すためには不可欠となるものです。そして、異なる考えをもつ子どもたちが互いによい影響を与えられるような話し合いへと導くためには、「集団」としても「個」としても考えが変容し、自分の納得解が得られるような話題設定が非常に重要となります。

五年生までは、何かを実行するために話し合うことが中心となっていましたが、自分を見つめ、向き合う力をもっている六年生なら、自分自身の納得解を得るために話し合う面白さを感じるはずです。

単元で育みたい話し合いの力

六年生では、話し合うことで自分の考えが変容する授業を念頭に置いて、「自分の答えを出すために話し合って面白い」という情意が喚起されるような単元をデザインしました。そのなかで、「答えのない問題に対する解をさまざまな視点から検討する話し合いをし、納得解をつくることができる」力を育んでいくことが目標となります。これには、次ページに掲載したような話し合いの「技能」や「情意」、そして「認知」が含まれています（**表３－６－２参照**）。

学習指導要領に即した本単元の目標と評価基準

参考までに、六年生における学習指導要領（平成二九年度版）の目標と評価を記載しておきます。学習指導要領では、目標について以下のように記されています。

知識及び技能

・情報と情報の関係付けの仕方、図などによる語句と語句との関係の表し方を理解し、使うことができる。（(2)イ）

思考力、判断力、表現力等

・互いの立場や意図を明確にしながら計画的に話し合い、考えを広げたりまとめたりすることができる。（Ａ(1)オ）

表3－6－2　創造的な話し合いの要素

創造的話し合いの要素	内容	具体
技能	形態	グループやクラス全体での話し合いができる。
	話題	「ぼくたちはなぜ、学校へ行くのか」という話題に沿って話し合いができる。
	言語活動	「ぼくたちはなぜ、学校へ行くのか」という問いに対する納得解が出せる。
	展開の仕方〈機能〉	話題について検討したり確認したりする話し合いができる。
	思考の仕方〈内容〉	納得解を出すという目的に基づいて、考えが深められる。
認知	展開に関すること	「グループ全体の考えは深まっているか」と考えて、話し合い全体を捉える。
	言葉に関すること	「どのような言葉を使って話し合ったら考えが深まるか」と考えて、話し合い全体を捉える。
	話し合いそのものに関すること	自分はどのような役割を担うべきかについて考えて、話し合う。
情意	価値	友達との創造的な話し合いがあったからこそ、自分の納得解が得られたり、考えが深まっていったりしたと思う。
	態度	自分の考えをもったうえで、全員で話し合いに参加し、自分とは異なる考えをもつ友達の考えこそ尊重して話し合う。他者の考えに反応して、話し合いに参加する。

学びに向かう力、人間性等

・言葉がもつよさを認識するとともに、幅広く読書をし、国語の大切さを自覚して、思いや考えを伝え合おうとする。

一方、評価基準に関しては以下のようになります。

知識・技能

・複数の言葉を丸で囲んだり、矢印でつないだりし図示し、互いの考えの関係を明確にすることができることを理解し、使っている。

思考・判断・表現

・「ぼくたちはなぜ、学校へ行くのか」という問題に対する解をさまざまな視点から検討し、互いの考えを共通点と相違点、具体と抽象などの視点で関係づけたり整理したりして話し合い、考えを深めている。

主体的に学習に取り組む態度

・「ぼくたちはなぜ、学校へ行くのか」という問題に対する答えを話し合い、考えようとしている。

このような話し合いの力を育むために、「ぼくたちはなぜ、学校へ行くのか」という問題に対する納得解をつくるという言語活動を設定しました。

六年生は、今まで当たり前だと思っていたことに疑問を感じることがあります。しかし、そのような問いに誰かが答えを与えてくれるとはかぎりません。これからの社会を生き抜くためには、自分自身で答えを見つけ出し、物事に意味や価値を見いだしていく力が必要となります。

六年生は、人間関係の悩みや習い事、受験勉強が生活の中心となって、学校生活に意味や価値が見いだせなくなる場合があります。本単元は、一人で考えるのが難しいのなら、仲間と知恵を出し合って、自分の納得解をつくり出していこうとするものです。一人で悩んでいることでも、誰かと話し合ったらスッキリするということが私たちにもあります。自分のために、話し合う面白さを味わうというのが本単元の醍醐味となります。

本単元が生まれるまでの種まき

単元の導入前に、学校がある意義について書かれた三〇冊の本を学級文庫に置き、ブックリスト（**表3－6－3**）を配付します。ブックリストは、「世界の視点から『学校へ行く理由』を考える本」、「学校の歴史の視点から『学校へ行く理由』を考える本」、「一年生のころの自分の視点から『学校へ行く理由』を考える本」、「勉強がすべてだと思っている自分の視点から『学校へ行く理由』を考える本」というようにジャンル分けされていますので、読みたい本が選びやすくなっています。

読書の時間を設けて、まずはその時点での自分の答えを短く書いてもらい、掲示します（下図参照）。そうすれば、「『ぼくたちはなぜ、学校へ行くのか』ということについて話し合いたいとか、友達はどのように考えているのか知りたい」といったような興味を喚起することになりますので、単元にスムーズに入れます。具体的な単元展開を**表３－６－４**として掲載しましたので、参考にしてください。

単元における指導ポイント

子どもたちが納得解を得る話し合いができるためには、第三時の指導がとても重要となります。ここでの指導のポイントを紹介しましょう。

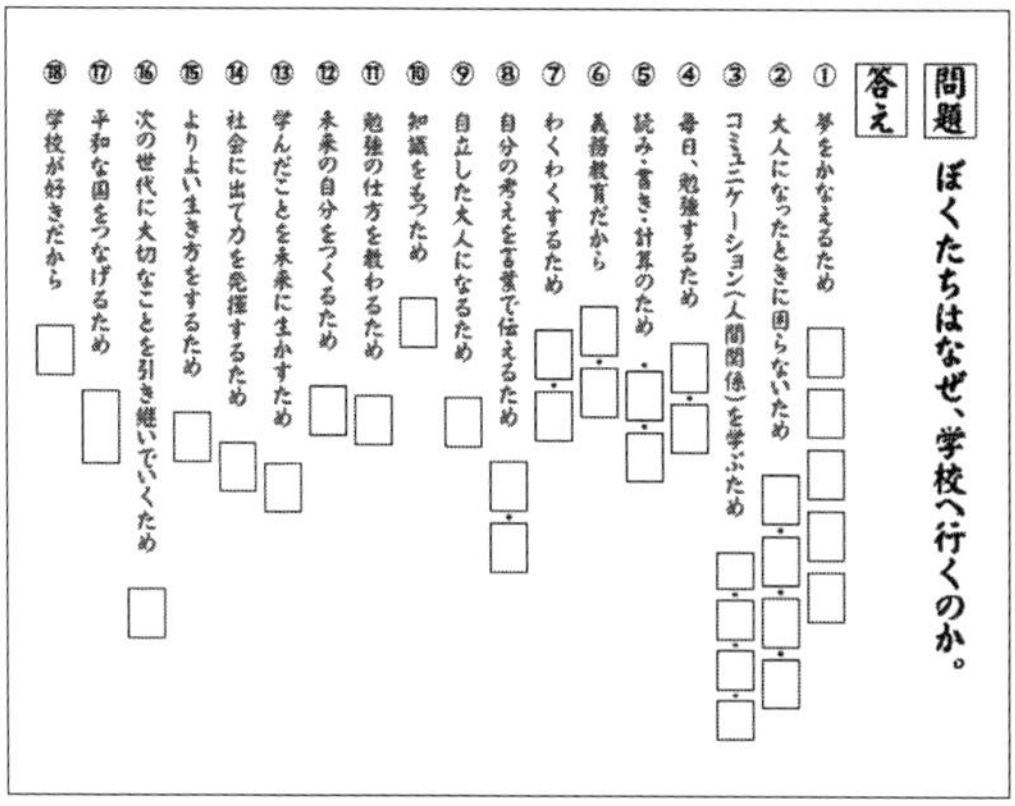
問題
ぼくたちはなぜ、学校へ行くのか。
答え
①夢をかなえるため
②大人になったときに困らないため
③コミュニケーション（人間関係）を学ぶため
④毎日、勉強するため
⑤読み・書き・計算のため
⑥義務教育だから
⑦わくわくするため
⑧自分の考えを言葉で伝えるため
⑨自立した大人になるため
⑩知識をもつため
⑪勉強の仕方を教わるため
⑫未来の自分をつくるため
⑬学んだことを未来に生かすため
⑭社会に出て力を発揮するため
⑮よりよい生き方をするため
⑯次の世代に大切なことを引き継いでいくため
⑰平和な国をつなげるため
⑱学校が好きだから

＊単元導入前の考えの提示（第１時）　※□の中には子どもの名前が入る

表3－6－3 「ぼくたちはなぜ、学校へ行くのか」おすすめブックリスト

★世界の視点から「学校へ行く理由」を考える本　（　　　）番　名前（　　　　）

題名	作者・筆者	自分の中の答えが見つかった度数	読んだ日
1 ぼくたちはなぜ、学校へ行くのか。	石井光太	○○○○○	
2 まなぶ	長倉洋海	○○○○○	
3 ようこそボクらの学校へ	後藤健二	○○○○○	
4 すごいね！みんなの通学路	ローズマリー・マカーニー	○○○○○	
5 世界の子どもたちの暮らし	ペニー・スミス	○○○○○	
6 ランドセルは海を越えて	内堀タケシ	○○○○○	
7 幸せとまずしさの教室	石井光太	○○○○○	
8 私はどこで生きていけばいいの？	ローズマリー・マカーニー	○○○○○	
9 インドネシアの小学生	河添恵子	○○○○○	
10 フィンランドの小学生	多田孝志	○○○○○	
11 ブータンの小学生	河添恵子	○○○○○	
12 きみが微笑む時	長倉洋海	○○○○○	
13 はたらく	長倉洋海	○○○○○	
14 マララ	マララ・ユスフザイ	○○○○○	
15 学校へ行けない子どもたち	本木洋子・茂手木千晶	○○○○○	
16 マララのまほうのえんぴつ	マララ・ユスフザイ	○○○○○	

★学校の歴史の視点から「学校へ行く理由」を考える本

題名	作者・筆者	自分の中の答えが見つかった度数	読んだ日
17 学校の歴史　学校生活編	岩本　努	○○○○○	
18 学校の歴史　文房具・持ち物編	岩本　努	○○○○○	
19 学校の歴史　校舎・校庭編	岩本　努	○○○○○	
20 学校の歴史　教科書・課外活動・災害編	岩本　努	○○○○○	
22 学校と毎日の遊び	たかい　ひろこ	○○○○○	

★1年生のころの自分の視点から「学校へ行く理由」を考える本

題名	作者・筆者	自分の中の答えが見つかった度数	読んだ日
22 小学校の生活	はまの　ゆか	○○○○○	
23 がっこういこうぜ！	もとした　いづみ	○○○○○	
24 わたしもがっこうにいきたいな	アストリッド・リンドグレーン	○○○○○	
25 ぜったいがっこうにはいかないからね	ローレン・チャイルド	○○○○○	
26 入学じゅんびチャレンジ百科	白岩　等	○○○○○	

★勉強がすべてだと思っている自分の視点から「学校へ行く理由」を考える本

題名	作者・筆者	自分の中の答えが見つかった度数	読んだ日
27 こうすれば学校がもっと楽しくなる	斎藤　孝	○○○○○	
28 圧勝！受験なんてヘッチャラだ	斎藤　孝	○○○○○	
29 キミが勉強する理由	藤原　和博	○○○○○	
30 学校にいくのは、なんのため？	長田　徹	○○○○○	

表3－6－4　単元展開（全6時間）

学習過程	学習のねらい	主な学習活動	指導上の留意点
導入	本単元が生まれるまでの種まき……「ぼくたちはなぜ、学校へ行くのか」という話題についての本の提示、ブックリストの配付、読書の時間の設定		
	1　「ぼくたちはなぜ、学校へ行くのか」という問題に対する納得解をつくるという単元をつくる。	1　単元の設定	○事前の読書や問題に対する初めのみんなの答えを基に、話し合いの方向性について話し合う場を設ける。
	「ぼくたちはなぜ、学校へ行くのか」という問題について話し合い、自分が納得する考えをつくろう。		
展開	友達と話し合い、「ぼくたちはなぜ、学校へ行くのか」という問題に対する自分の考えをつくろう。		
	2　自分の考えをもつ。	2　最初の自分の答えを出す	○自分の考えを形成できるように、読書等を通してもった考えを話し合いマップに表す活動を設ける。
	3　グループや学級全体で1回目の話し合いをする。	3　1回目の話し合い	**指導のポイント** ○話合いを深めるための役割分担を明示し、話し合いマップを使って話し合う場を設ける。
	4　グループや学級全体で2回目の話し合いをする。（2時間）	4　2回目の話し合い	○子どもの答えを事前に見取り、考えに応じた価値づけやアドバイスを黄色の付箋に書いて模造紙に添付していく。
終末	「ぼくたちはなぜ、学校へ行くのか」という問題についての最終的な自分の答えを出そう。		
	5　今まで話し合ってきたことを基に自分の考えをもつ。	5　最終的な自分の答えを出す	○書きためてきたポートレートを参考にし、付箋を活用して自分の考えを整理する場を設ける。

一点目は、話し合いの五つの役割を示し、それらを分担し、意識して話し合うようにすることです。五つの役割は、グループの中心となってみんなの考えを「話し合いマップ」に書く「**書き書きマン**」、問いを出して話し合いを展開させる「**問い問いマン**」、考えを聞いて反応する「**聞き聞きマン**」、考えをつなげていく「**足し足しマン**」、言い合いになったり滞ったりしたときにそれまでの考えを整理する「**交通整理マン**」となっています。

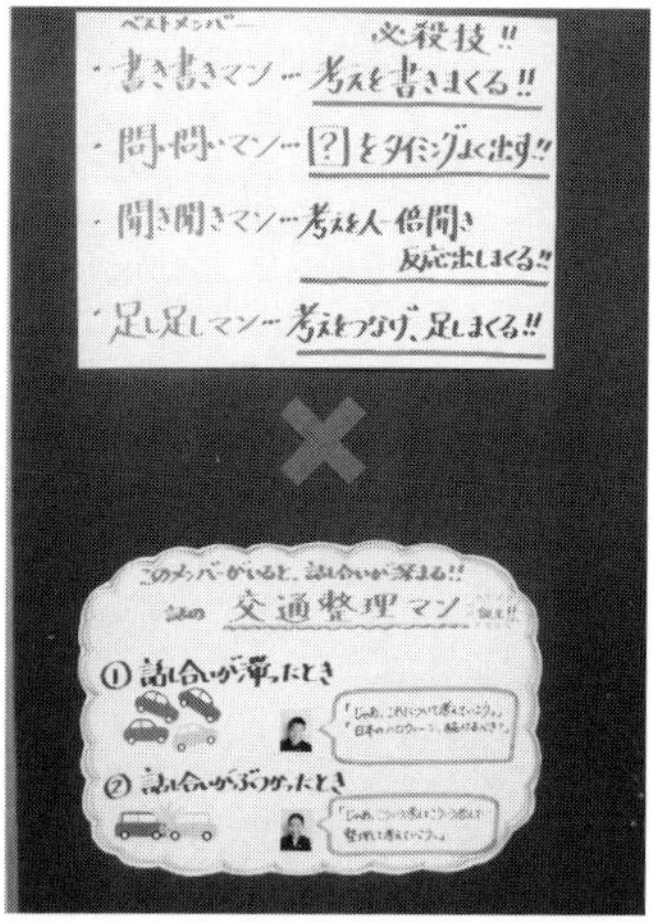

話し合いの五つの役割

これらは、六年生になって突然登場する役割ではありません。五年生までに話し合いの力を身につけていれば、わざわざ説明する必要はないでしょう。しかし、もしそこまでには至っていないとするならば、右の写真のように提示して、意識できるようにしたほうがよいでしょう。

もちろん、理想としては、それぞれの子どもがどれか一つの役割を担い続けるのではなく、全員がその役割を意識し、実行して欲しいところですが、まずは「今日、私は、この役割だけは全うする」という目標を決めて話し合いをしてみましょう。

二点目は、「話し合いマップ」の活用です。「話し合いマップ」の書き方は三年生で習得し、五

表３－６－５　学習の手助けとなる導入前の考えの提示と教師のアドバイス例（第３／４時）

子どもの答え	アドバイスをする言葉	価値づけ・称賛する言葉
コミュニケーションとるため、義務教育のため、など	そもそも義務教育とは何かな。	物事の本質を考えようとしているね。
勉強するため、自分の考えを言葉で伝えるため、など	家でもできることではないかな。	反論を考えようとしているね。
より良い生き方をするため、大人になって困らないため、など	具体的にはどういうことかな。	物事を分析しようとしているね。
読み書き計算ができるようになるため、など	明治時代の藩校と今の学校の目的は変わらないのかな。	比較して、よさを考えようとしているね。
分からなくなってきた、など	もし学校に行かなかったら、どうなると考えるかな。	メリットとデメリットを考えているね。
平和な国へとつなげるため、など	平和な国と学校は、どのようにつながるのかな。	筋道立てて考えようとしているね。

＊このようなアドバイスや言葉を黄色の付箋に書き、「話し合いマップ」に貼っていく。

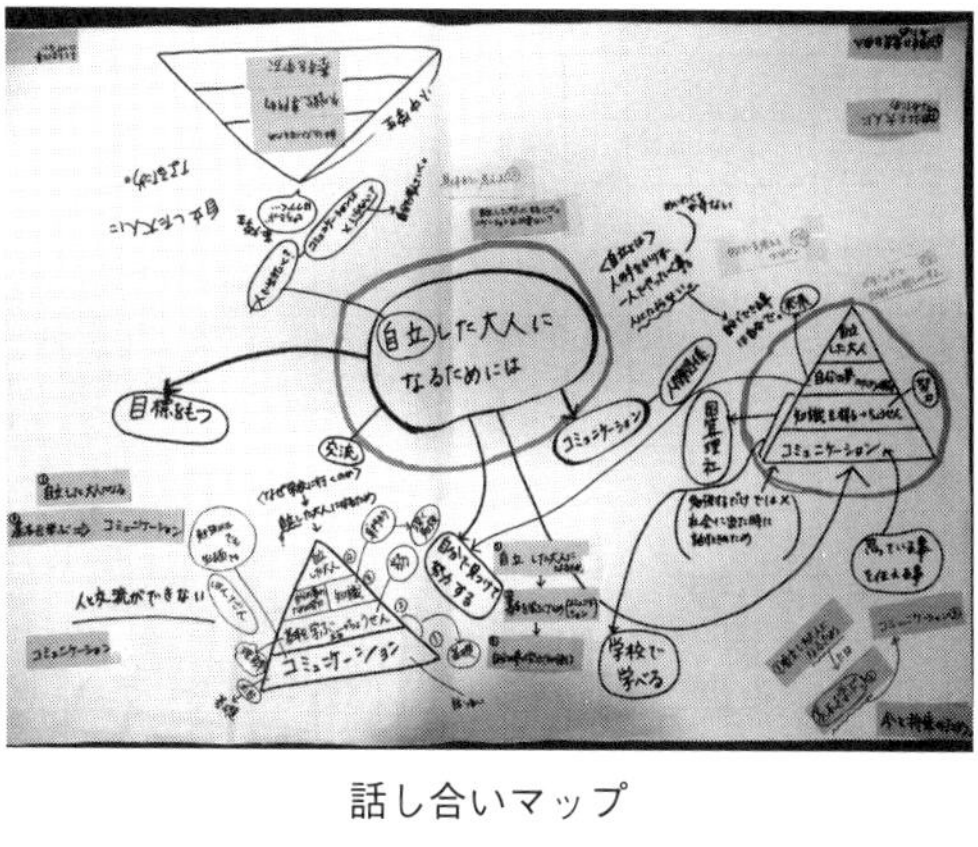

話し合いマップ

年生でも活用してきたわけですが、六年生では考えが複雑になるので、付箋や思考ツールの活用といった新たな手立てを加えて考えが整理できるようにします（前ページの写真参照）。

まず、青色の付箋に自分の考えを書いて持ち寄り、対立する考えは両方向の矢印、共通する考えは二重線を用いて表すようにします。また、共通する考えを丸や四角で囲んで、考えを分類します。さらに、話し合いのなかで出てきた新たな考えは桃色の付箋に書くようにします。

このように、それぞれの考えを可視化し、付箋や囲み、矢印などの思考ツールを用いて話し合っていくことで、グループや個人の考えが変容していくプロセスが明らかになってきます。

前ページに掲載した写真は、「学校に行くのは、自立した大人になるためである」という考えをもって集まった四人による「話し合いマップ」です。付箋やピラミッド図、矢印を用いて、考えを整理していることが分かります。

第四時の授業展開を紙上で再現

ここでは、本単元の要となる第四時の授業展開を紹介します。

第三時では、「書き書きマン」、「問い問いマン」、「聞き聞きマン」、「足し足しマン」、「交通整理マン」という五つの役割を知り、それを意識して話し合いをはじめた子どもたちです。第四時では話し合いの時間をたっぷり設けますが、その「主眼」は以下のようになります。

「ぼくたちはなぜ、学校へ行くのか」という問題について、考えと考えを囲んだり、矢印でつないだりしながら、グループで話し合う活動を通して考えを深め、自分が納得できる答えをつくる。

準備するものは、「話し合いマップ」と人数分の水性マーカー（黒・赤）、桃色の付箋（子ども用）、そして黄色の付箋（教師用）です。子どもは自分たちでマップをつくり上げていくので、ここで言う「話し合いマップ」は単なる模造紙になります。

第四時の授業のはじまりです。前時では話し合いの時間が足りずに、中途半端に終わっていることでしょうから、「早く話し合いの続きがしたい」という情意が高まっていることでしょう。そこで、教師が早々に「めあて」を提示します。私の授業では、「友達と話し合い、『ぼくたちはなぜ、学校へ行くのか』という問題に対する自分の考えをつくろう」と提示しました。そして、各グループに、模造紙と水性マーカー（黒・赤）を人数分配付します。

Ａグループの話し合いをのぞく前に、このグループのメンバーが「ぼくたちはなぜ、学校へ行くのか」という問いに対してどのような答えをもって臨んでいるのかを紹介します（子どもの名前はすべて仮名）。

岩田　まともな仕事に就くため。
谷原　自分の意見を相手に伝えるため。
佐藤　コミュニケーションを学ぶため。
吉川　今と将来のため。

見事なほど考え方がバラバラです。どうやらこのグループでは、第三時において「学校に行くのは、自立した大人になるためではないか」という考えが出ていたようです。そこで本時では、話し合いの話題を「自立した大人になるためには」として話し合いをはじめました。実は、このグループは、「単元における指導のポイント」で示した「話し合いマップ」（一七五ページ参照）を作成したグループなのです。子どもたちが話し合いをはじめました。

吉川　自立した大人になるためには、何を学ばないといけないのかなあ。
岩田　自立した大人になるためには、土台が必要でしょ？
谷原　だから、自分の意見を相手に伝えるというのが土台。
岩田　コミュニケーションは？
谷原　コミュニケーションと自分の意見を相手に伝えることは同じことだよ。

岩田　う〜ん……でも、ほかにも大事なことがあるでしょ？　最終的には自立に向かうのだけれど……。そもそも、自立って何？

吉川　うん。だから岩田くんの考えは、今まだざっとしているんだよ。もうちょっと細かく答えないと、みんな納得できないよ。

もう一人のメンバー　加藤さんは三人の話し合いを黙って聞いています。もしかしたら、話し合いを俯瞰しているのかもしれません。

谷原くんは、佐藤さんの考えと自分の考えは同じだと主張していますが、岩田くんは納得していないようです。そして、「ほかにも大事なことがあるでしょ」と、話題を深掘りしようとしています。そして吉川さんは、岩田くんにもっと細かく説明することを求めています。とはいえ、岩田くんの考えに納得したいという気持ちがあるようです。

このようなグループの様子を見て、私は話し合いに助言をしました。続きをご覧ください。

教師　岩田くんの言いたいことを具体的にしようとしているんだね。「『自立』とは何か」ということ？

谷原　はい、そうです。自立とは……一人で生きていくこと？

佐藤　それだったら、コミュニケーションはいらなくなるよ。（「コミュニケーション」と桃色の付箋に書いて貼る。）

岩田　自立した大人になることが一番の目的なんでしょ？　だったら、コミュニケーションはその土台で……。

吉川　あっ、ピラミッド図でまとめてみたらいいんじゃない？

このように、「自立とは何か」を明らかにするように私がアドバイスをしたところ、それまで黙っていた佐藤さんが谷原くんに対して、「それだったら、コミュニケーションはいらなくなるよ」と発言しました。佐藤さんは、やはりグループの考えをよく聞いていたことが分かります。そして、ゴチャゴチャしてきた考えをピラミッド図で整理しようという案が吉川さんから出されました。

整理されたピラミッド図が「話し合いマップ」の右側にあります。土台から順番に、「コミュニケーション」、「知識を得る→ちょうせん」、「自分の夢のための努力」、「自立した大人」となっています。また、その後の話し合いでは、「基本を学ぶ」という桃色の付箋が増えています。

このピラミッド図や付箋といった思考ツールによって、岩田くんが語っていた「ほかにも大事なこと」は、「基本を学ぶこと」、「自分の夢のための努力」、「知識を得る」であることが明確になりました。私は、黄色の付箋に「ピラミッド図で目指すところを明らかにする」と書いて、「話し合いマップ」に貼りました。

　このように、子どもたちは自分たちの考えを表すのに必要とされる思考ツールを取捨選択しながら話し合っていったわけです。その間、私は、各グループの「話し合いマップ」を見て、グループごとに価値づけやアドバイスを黄色の付箋に書き、添付していきました。ここでは、Aグループの話し合いのみの紹介となりましたが、全八グループがお互いの考えを聞き合っていましたし、それぞれの考えを深めていく姿が見られました。

　さて、グループでの話し合いが二五分ほど続いたところで学習のまとめに入ります。そのときの板書（下の写真）を示しましたのでご覧ください。

　白い短冊に書かれているのは、最初に示した子どもたちの考えです。グループごとに、どのような話し合いが展開されたのかを簡単に説明してもらい、それに合わせて私がキーワードを板書するという形をと

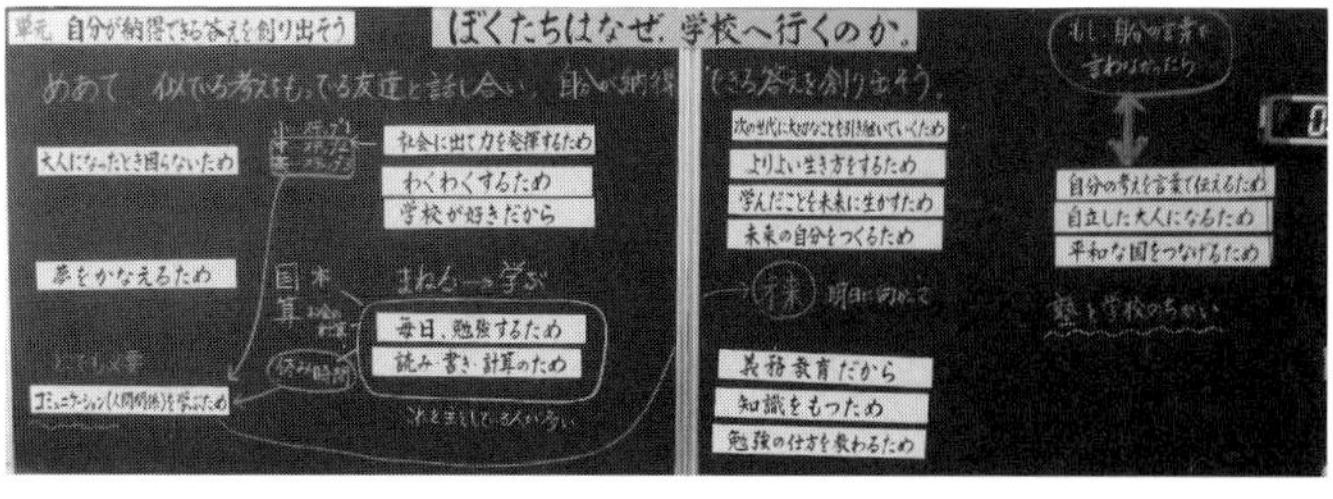

本時（第4時）の板書

りました。子どもたちは、友達の発言と板書を見ながらグループの考えを確かめていきます。

いよいよ授業も終盤、本時の学習の振り返りです。グループで、今日の話し合いのよかったところと、次の時間に話し合う話題を決めます。ある子どもが、振り返りのときに次のような発言をしました。

「今日、私たちのグループでは、『社会に出たら困るから学校へ行く』という考えについて詳しく話し合いました。初めは、学習しないと困るからという理由だけだったけど、今では家でインターネットなどを通じて学習できるという考えも出てきて、途中、対立しました。でも、Aくんが、インターネットの世界では『集団で行動する大切さは学べない』と言ったので、友達がいるから学ぶという私の考えは、初めよりもっと強くなりました」

学習の成果――話し合いを積み重ねたことによる納得解の創出

Aグループの岩田くんの納得解の変容を紹介します。岩田くんが最初にもっていた考えは、「義務教育だから」というものでした。しかし、その後、学級文庫にあった『学校に行くのは、なんのため？』（稲葉茂勝、ミネルヴァ書房、二〇一七年）という本を読み、「まともな仕事に就くため」という考えに変わりました。

その考えをもって話し合いに臨んだ岩田くん。前述したように、グループの友達との一回目の話し合いのなかで、「自立した大人になるため」という考えに変わりました。そして、二回目の話し合いを経て、最終的には下図のような納得解を得るに至りました。岩田くんの納得解、じっくりと読んでみてください。

岩田くんは、自立した大人になるために小学校や中学校の学習は基本であると考えていますが、生きているかぎり、人はずっと学び続けるものだということが言いたかったのだと、私は捉えました。

この納得解から、岩田くん自身が「ぼくたちはなぜ、学校へ行くのか」という問いに真剣に向き合い、友達と話し合ったことが伝わってきます。読者のみなさんは、この納得解をどのように評価しますか。

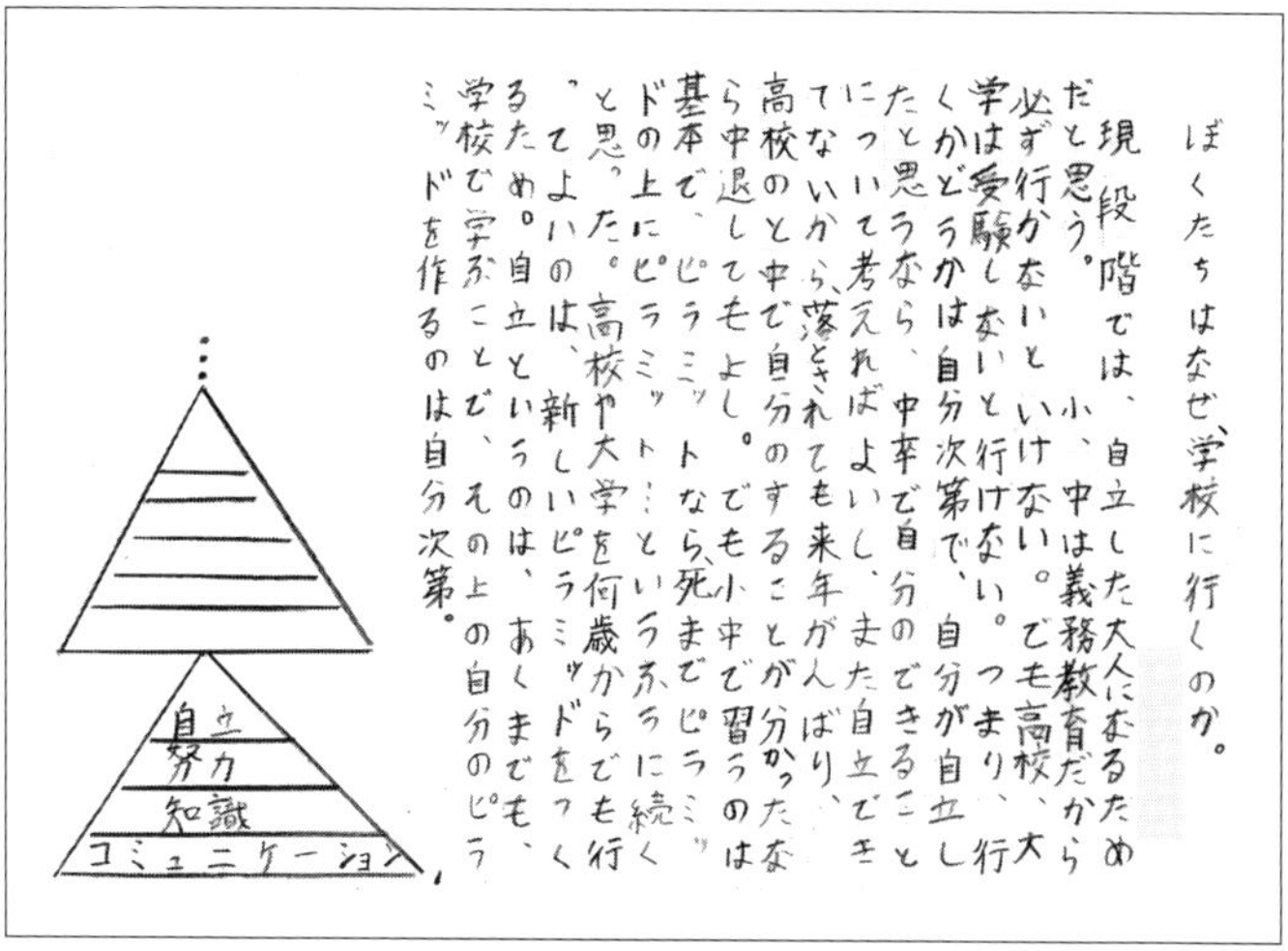

岩田くんの納得解

第4章

トピック学習を支えるもの

日常的に話し合う

一〇時間程度を費やして問題探究的な学習が展開する「トピック学習」を軸に進められる国語科では、それを取り巻くように、継続的に行う学習や「トピック学習」のプロセスに織り込まれる短時間の学習があります。これらの学習は、相互補完的に効果を発揮し、目指したい子ども像の実現に向けて有機的につながっているものです。

本章では、「トピック学習」の周辺に設けられた学習のうち、話し合うスキルの育成を目指した「**なかよしトーク**」、考えをつくる力を育てる「**思考ツールの学習**」、仲間で読むことを楽しみ、読んで考えたことを表現する力を育てる学習となる「**コラボ読み読書会**」についての実践を紹介していきます。

話し合う力を育てる「なかよしトーク」

（廣口知世）

「なかよしトーク」とは

「なかよしトーク」とは、共通の話題について二～四人の友達と話し合い、話し合ったことをクラス全体で共有するという、約一五分間の言語活動のことです。学級では、生活グループをつくっていることが多いと思いますので、そのメンバーで行うのがよいでしょう。

机を移動させる必要はありません。メンバー全員がグループの中央を向いて、トークをはじめるというのが理想です。座席をコの字型で配置している場合は、**図4－1**のように、「前列に座る子どもは椅子を後方に向けて座るように」と声掛けをすればよいでしょう。

「なかよしトーク」の目的

目的の第一は、話し合いのスキルアップです。ここで言うスキルアップとは、第2章第3節（三八ページ）に示していることですが、「話し合いで使われる言葉」（三九ページの**表2－3**参照）を自覚して使えるようになることです。話し合いが上手な子どもは、それを展開するのに重要な言葉を獲得していますし、自在に使っています。「なかよしトーク」では、子どもが獲得している話し合いの言葉を教師が顕在化し、クラス共通となる「話し合いの言葉」を言葉の財産として蓄積していきます。そして、全員が自覚してこれらの言葉を使えるようにするというのが最終目的となります。

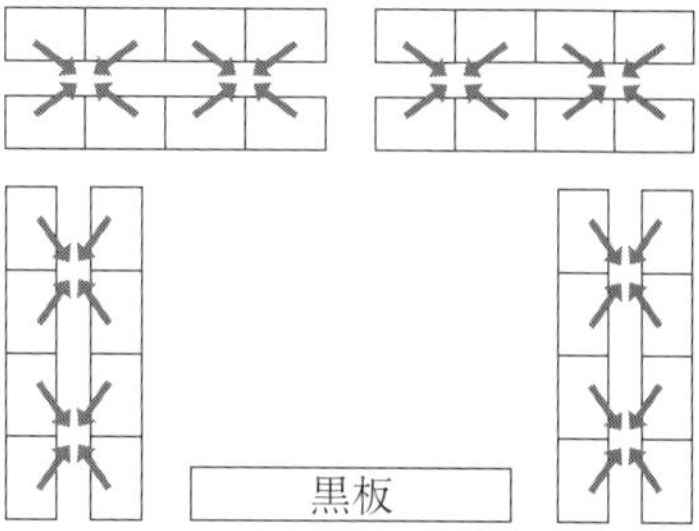

図4－1　座席の配置

「なかよしトーク」をする子ども

「なかよしトーク」で期待する「話し合いの言葉」

ここでは、低学年（第一学年および第二学年）、中学年（第三学年および第四学年）、高学年（第五学年および第六学年）で期待される重点的な「話し合いの言葉」を挙げていきます。

低学年では親和的な話し合いを目指しますので、「進める」話し合いの機能を期待します。中学年では協働的な話し合いを目指しますので、「まとめる」とか「広げる」話し合いの機能を期待します。そして高学年では、創造的な話し合いを目指しますので、「広げる」とか「深める」話し合いの機能を期待します。

これらは、あくまでも発達段階における重点的な話し合いの機能であって、すべてを身につけることを目指すわけではありません。大切なのは、子どもの実態に応じて「話し合いの言葉」を臨機応変に定着させていくことです。

「なかよしトーク」の手順

まずは日直が「なかよしトーク箱」の中から話題を一つ選び、「**今日の話題は○○です。それでは、グループで五分間、話し合いましょう**」と言います。

「なかよしトーク箱」の中には、さまざまな話題が書かれた紙がカプセルの中に入れられていま

表4－1　期待する重点的な「話し合いの言葉」

	話合いの機能の上位項目	機能の下位項目	具体的発言
低学年	進める	切り出し	「はい、どうぞ」など。
		譲歩的賛成	「○○さんのでもいいよ」など。
		促進	「○○さんは？」など。
		共感	「いいね」など。
		納得	「なるほど」など。
中学年	まとめる	類似化	「共通点でまとめよう」など。
		相違化	「～と…で分けられるね」など。
		集約	「合体させると」など。
		統合	「つまり」など。
		目的意識	「目的は～だから」など。
	広げる	提案	「提案なんだけど」など。
		例示	「たとえば」など。
		説明	「詳しく言うと」など。
高学年	広げる	付加	「しかも」など。
		反論	「でも」など。
	深める	仮定	「もし～だったら」など。
		消極的吟味	「～したからって～だとはかぎらないよ」など。
		積極的吟味	「もう一度考え直そう」など。
		根底的検討	「そもそも」など。

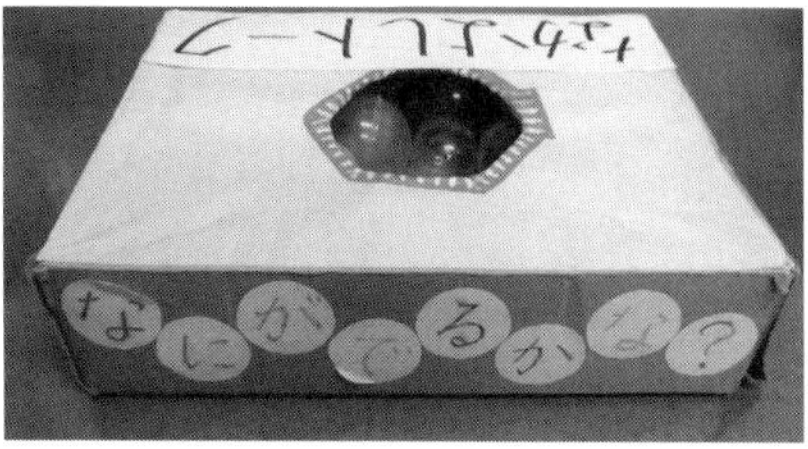

なかよしトーク箱

す。そのなかから選ぶとき、子どもは「カプセルを引きたいな」とか「どんな話題が出てくるかな」というワクワク感が生じるはずです。

話題を選んだら、五分間話し合います。教師は、話すことが苦手な子どもの側に行き、話し方のポイントを伝えたり、低学年なら話をつないでいる子ども、中学年なら話をまとめている子ども、高学年なら話を広げている子どもを見取り、褒めていったりします。

このとき、たくさん褒めることが話し合いの力を高めるポイントとなります。子どもたちが話し合えるようになったら、教師が一緒に話し合いに参加するというのもよいでしょう。

その後、グループで話し合ったことをクラス全体で共有します。

日直が、「**話し合ったことを発表してください**」と言います。発表の仕方は子どもに任せましょう。おそらく、子どもたちはランダムな発表を行っていくでしょう。「ランダム発表」から、「つなぎ発表」、「紹介発表」、「まとめ発表」へと変わる発言が現れたときが褒めどころとなります。その発言を捉えて、「どうして発表をつなぐとよいのかな」と考え合う機会をつくるのです。

そうすれば子どもは、「バラバラに言うよりも、つないだほうが分かりやすいな」、「紹介するって面白いな」、「まとめると、みんなの考えが分かるな」と、それぞれの発表のよさを感じるようになります。そのよさが自覚できれば、教師からの指示がなくても、自分たちで発表の仕方を選ぶようになっていきます。

表４－２　「なかよしトーク」のさまざまな発表の仕方

ランダム発表（話すこと重視）	一人ひとりが、進んで自分の考えを発表していく。発表の内容につながりがなくてもよい。
つなぎ発表（相違点重視）	友達が言った考えにつなげて発表する。自分の考えを言う前に、「○○くんと似ていて」、「○○さんと違って」、「○○くんの考えもよいと思うけど、私は……」などの言葉を言ってから発表する。
紹介発表（聞くこと重視）	同じグループの友達の考えを紹介する形で発表する。「○○くんは、～と考えていました」というような発表をする。
まとめ発表（話し合い重視）	グループで考えをまとめ、代表者が、グループでどのような考えが出て、どのようにまとまったのかを発表する。

発表している様子を見て、教師が「こんな発表の仕方もありますよ」と、「つなぎ発表」、「紹介発表」、「まとめ発表」を教えていくとよいでしょう（**表４－２**参照）。

その後、子どもの使った話し合いの言葉を教師が価値づけていきます。「話し合いで使われる言葉」（一年生～六年生、三九～四〇ページの**表２－３**参照）を参考にして、「今日は○○さんが、△△という話し合いの言葉を使っていましたよ。この言葉で、グループの話し合いが～というように変わっていきましたよ」など、誰の、どの言葉が話し合いにどのような影響を及ぼしたのかということを具体的に伝えて価値づけていきます。

また、話し合いの基盤は、進んで参加し、相手の考えを受け入れるという情意です。このことを子どもたちが日常的に意識できるように、時折、話し合いの態度を褒めることも重要となります。

「なかよしトーク」の話題について

話は前後しますが、「なかよしトーク箱」(一八九ページの写真参照)に入れる話題について説明をしておきましょう。話題は、「どんどんタイプ」→「選ぶタイプ」→「条件付きタイプ」の順で複雑な思考が求められることになります。

最初は、教師が話題を考えることになります、「なかよしトーク」に慣れてきたら、子どもから話題を募集するとよいでしょう。その際、「人を傷つける内容ではないか」とか「嫌な思いをする人が出てくる話題ではないか」などを考慮しながら、みんなが楽しんで話し合える話題を選ぶようにしてください。

タイプ別の話題例を**表4-3**に示しましたので参考にしてください。もちろん、これら以外にもさまざまな話題が考えられますので、クラスの雰囲気に合ったものを選ぶようにすればいいでしょう。

「なかよしトーク」のポイント

「なかよしトーク」における最大のポイントは、「この言葉を使って話し合いなさい」と指定す

表４－３　タイプ別の話題

どんどんタイプ	話題例
好きシリーズ	・好きな色は何ですか？ ・好きなおやつは何ですか？ ・好きなスポーツは何ですか？
～たいシリーズ	・旅行はどこに行きたいですか？ ・ドラえもんのアイテムで使いたいものは何ですか？ ・今、何の映画が観たいですか？

選ぶタイプ	話題例
二つから選ぶシリーズ	・犬と猫、飼うならどっちですか？ ・ドッジボールと氷鬼、遊ぶならどっちですか？ ・過去と未来、タイムスリップするならどっちですか？
三つから選ぶシリーズ	・平日、土曜、日曜、どれが好きですか？ ・動物になるなら、ハムスター、ウサギ、スカンクのどれになりたいですか？ ・男の３人兄弟だったら、一番上、真ん中、一番下のどの人になりたいですか？
四つから選ぶシリーズ	・好きな季節は何ですか？ ・サザエさんの登場人物になるなら、かつお、わかめ、たら、いくら、どの人になりたいですか？

条件付きタイプ	話題例
個数を条件にするシリーズ	・無人島に持っていくものを三つ挙げるなら何ですか？ ・学級のお楽しみ会でゲームを二つするなら何ですか？
人を条件にするシリーズ	・校長先生に誕生日プレゼントをするなら、何をあげますか？ ・クラスのみんなで夏休みに遊びに行くなら、どこに行くのがよいですか？
季節を条件にするシリーズ	・夏休みに遊びに行くなら、海がよいですか、山がよいですか？ ・給食で秋の新作メニューを出すなら何がよいですか？

るのではなく、子どもが無自覚に使っている話し合いの言葉を教師が見つけ、褒めたり価値づけたりして、子ども自身が話し合いの言葉を獲得し、自覚して使えるようにすることです。つまり、子どもの話し合いのスキルを、トップダウンではなくボトムアップで育てることがポイントとなります。

そのための指導ポイントとして、次の三つが挙げられます。

❶「話し合いで使われる言葉」（一年生～六年生、三九～四〇ページの**表2－3**参照）をもとに、子どもの話し合いの言葉をよく聞き取る。

❷その言葉の価値を子どもに説明する。

❸子どもに使って欲しい言葉を教師が意図的に使い、話し合いに参加する。

このように、教師が着目すべき言葉を念頭に置いたうえで価値づけを行い、なかなか使われない話し合いの言葉については、見本として、教師が自然に使う形で子どもに入り込んでいくようにします。

教師であればお分かりのように、いかなる活動も、すぐに身につくわけではありません。一年をかけるという忍耐強さのもと、指導していきましょう。

考えをつくる力を育てる「思考ツールの学習」

（廣口知世）

「思考ツール」ってなあに

話し合いにおいては、考えをつなぎ、まとめ、広げ、深めるといった思考が展開していきます。思考ツールは、それをサポートするために用いられる手段となります。さまざまな種類がありますが、「トピック学習」を支えるスキルとして、以下の思考ツールを活用しました。

「**イメージマップ**」は、話をつなぐことが主となる低学年で使いました。「**クラゲチャート**」と「**ベン図**」は、根拠をもとにしたり、共通点や相違点を考えたりすることができる中学年で、そして、「**マトリックス**」、「**ピラミッド図**」、「**くま手チャート**」は、多面的・多角的思考が活発化する高学年で獲得したい思考ツールとなります。

とはいえ、思考ツールを単なる話し合いの道具として教え込むというのは好ましくありません。「今、子どもたちは話し合いでどのようなことで困っているのか。そのためには、どのような思考ツールを活用するとよいのか」という点を押さえたうえで、数回にわたるショート学習(1)を経て、自由自在に使えるようにすることが必要です。

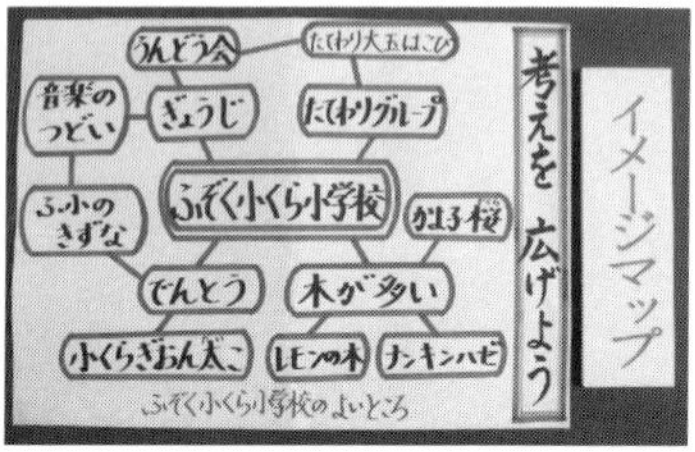

イメージマップ

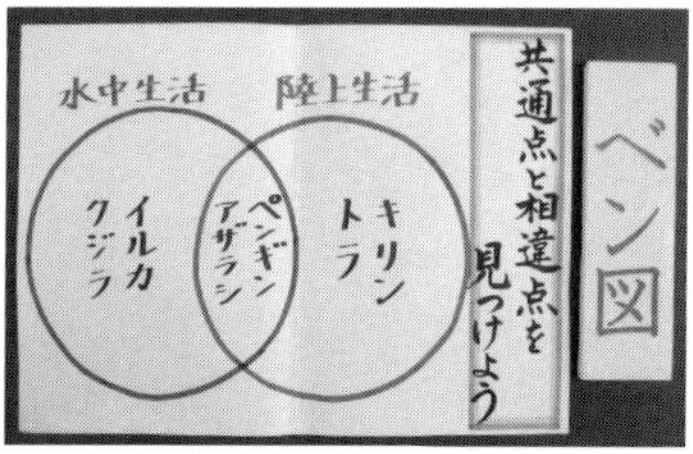

ベン図

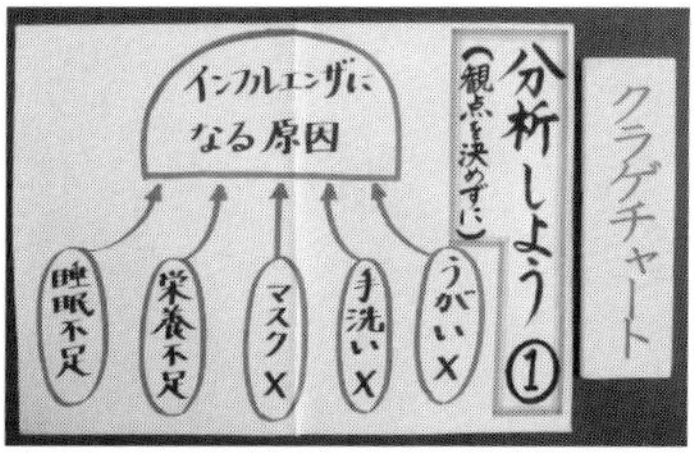

クラゲチャート

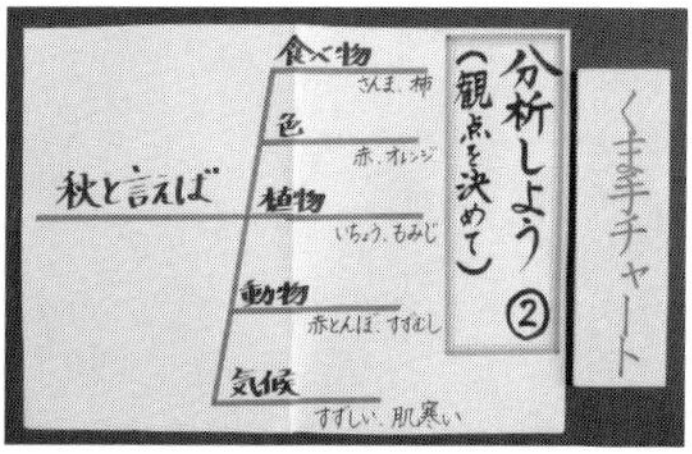

くま手チャート

マトリックス

ここでは、第三学年において「クラゲチャート」が使いこなせるようになる段階的な指導方法を紹介します。

どうして、三年生でクラゲチャートなのか

三年生では、目的に応じてグループで考えをまとめるという話し合いの能力の育成を目標にするわけですが、目的に応じていても言い争いになるという光景がよく見られます。その理由は、それぞれの主張に根拠や理由がないため、お互いの意見に納得できずに平行線をたどってしまうからです。

ここで言う「主張」とは「結論」のことで、「根拠」とは、誰が見ても明らかな証拠資料のことです。そして「理由」とは、どうしてその根拠からそのような主張ができるのかを説明するもので、主張と根拠をつなぐものとなります。根拠と理由を添えて主張することは、建設的な話し合いになるための重要な要件なのです。

三年生が話し合いのなかで自分の考えを主張するとき、根拠や理由が抜けがちとなっています。

---

(1)　短い時間（二〇分～四五分）を使って、焦点化したスキルを集中して学ぶ学習のこと。たとえば、「クラゲチャートの使い方を学ぶ」ショート学習では、具体的な例を用いてクラゲチャートの書き方を知り、使ってみるという学習をする。

そのため、主張のし合いになってしまうのです。そこで、主張に根拠や理由を関係づけるという思考の仕方が必要になってきます。それにピッタリなのが「クラゲチャート」という思考ツールなのです。

「クラゲチャート」は、一般的には「理由づける、関係づける、要約する」という思考を身につける際に用います。しかし、三年生では、対象を分析して捉える思考を促すツールとしても扱います。クラゲの頭の部分に対象を書き、それを構成する要素を分析して脚の部分に書き出していくのです。次のような段階的な指導を積み重ねていけば、主張に伴う理由や根拠を明らかにしながら協働的に話し合うことが期待できます。

段階的な「クラゲチャート」の習得・習熟・活用学習

（廣口知世）

らくらくレベル　「クラゲチャート」の書き方を習得する
——話題「チャーハンはどんなものでできているかな」

らくらくレベルでは、構成されている要素が明確なものを設定し、対象とそれを構成する要素を捉える練習となります。ここでは、「チャーハンはどんなものでできているかな」という話題を設定しています。

まずは、四人グループで話し合いを行い、チャーハンを構成する要素を挙げていきます。クラゲの頭の部分に「チャーハン」と書き、チャーハンに使われる食材をクラゲの脚に書いてもらいます。子どもたちは、グループごとに「クラゲチャート」を作成し、その後、全体で考えを出し合っていきます。

掲載した図には、「たまご、肉、ねぎ、えび、ごはん」が書かれていますが、ほかにも、グリンピース、にんじん、米などが挙がることでしょう。

子どもたちが要素を出し合うと、「私の家のチャーハンにはグリンピースは入っていないよ」とか「キクラゲが入っているよ」などといった発言があるでしょう。そのような発言があったら、そのときが指導のポイントとなります。同じ言葉でも、それぞれがイメージしているものが違うことや、一つのものを成立させるためにはさまざまな要素が含まれていることを説明してください。

らくらくレベルでは、子どもに「思考ツールを使うのは楽し

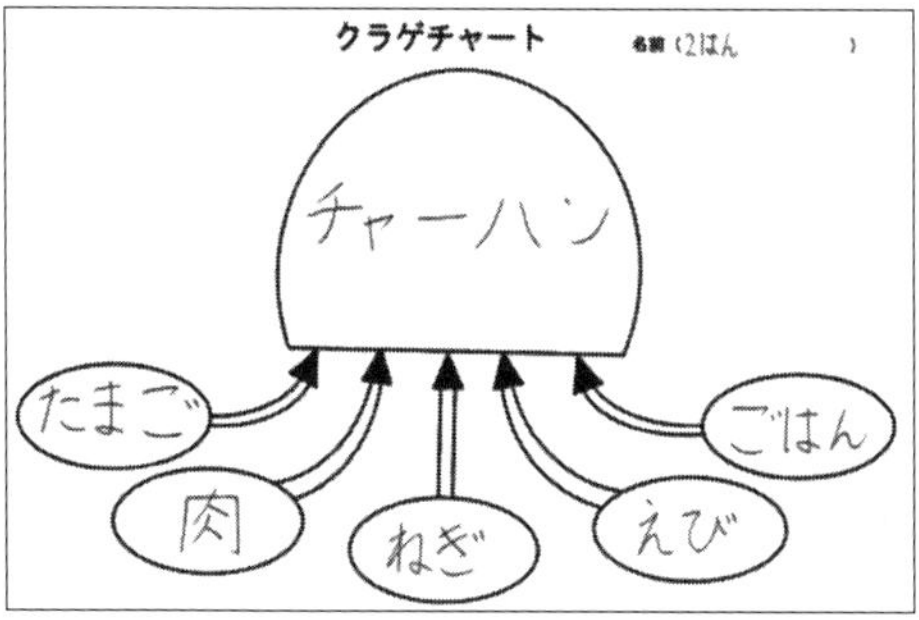

図4－2　クラゲチャート

いな」とか「いろいろな考えがあるんだな」という情意が喚起されることが大切となります。

お手ごろレベル　クラゲチャートの書き方に習熟する

——話題「私たちはどうしてインフルエンザにかかるのかな」

お手ごろレベルでは、根拠と理由が必要な話題を設定し、主張と理由、根拠を関係づけるという練習をします。ここでは、「私たちはどうしてインフルエンザにかかるのかな」という話題を設定しました。

話題（問題）の原因を分析するには、根拠と理由の両方が必要となります。たとえば、「インフルエンザ菌が存在する」というのは根拠となります。そして、「手洗いをしない」というのは理由です。これらを関係づけて、「インフルエンザ菌というものがいて（根拠）、手洗いをしないとその菌を体内に入れてしまうから（理由）、インフルエンザになる（主張）」と分析できるようになることを目指します。

らくらくレベルと同じく、四人のグループになって話し合いをします。クラゲの頭の部分には「なぜ、インフルエンザにな

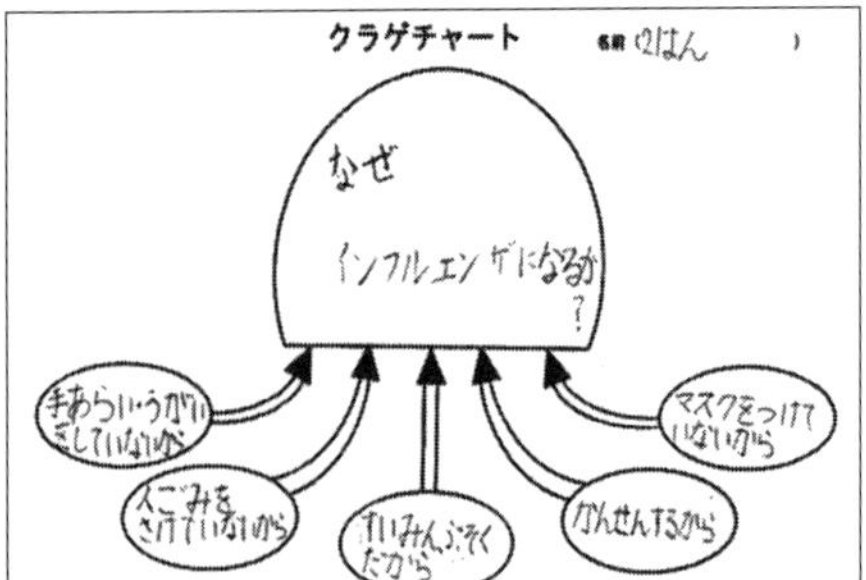

図4－3　クラゲチャート

るか」と書き、その理由をクラゲの脚に書くように指示します。

理由に関しては、「予防接種をしていない」とか「換気をしない」などの言葉が想定できるでしょう。次に、理由にはそのもととなる根拠がありますので、「そもそも、どうして予防接種が必要なの？」とか「そもそも、どうして換気が必要なの？」と考えを揺さぶる発問をすると、「インフルエンザになるのは菌が原因なんだ」という根拠にたどり着くでしょう。

お手ごろレベルでは、何事においても、分析する際には根拠が必要であると子どもたちに伝えることが大切となります。

達人レベル　獲得した「クラゲチャート」を話し合いの場面で活用する――話題「楽しいとはどういうことなのかな」

これまでの「思考ツールの学習」において、子どもたちはクラゲチャートの使い方を学びました。最上位となる「達人レベル」では、話し合いの単元学習に「クラゲチャート」を活用していくことにします。

たとえば、第3章で紹介した単元、「考えをまとめる話し合いをしよう――三年生の学習を教えます」では、単元の導入時

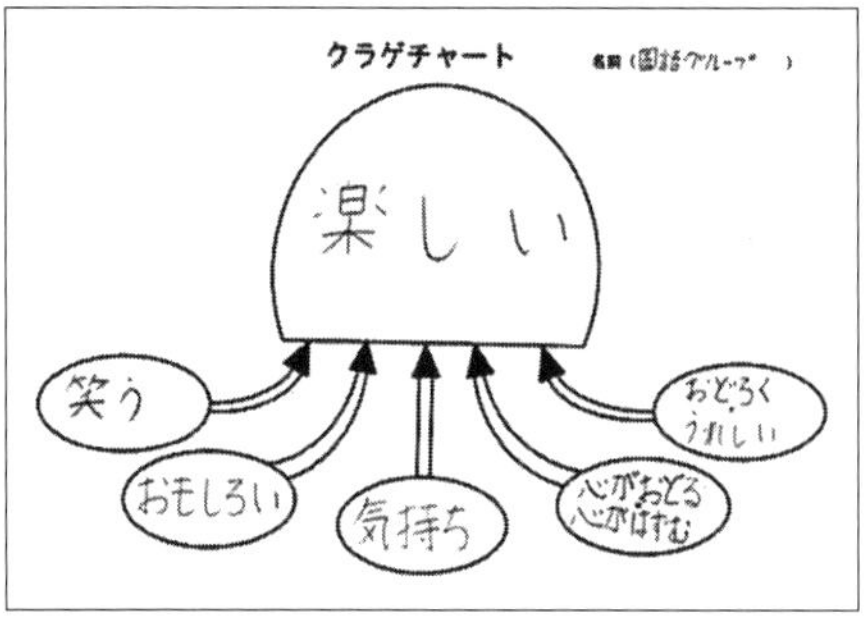

図4－4　クラゲチャート

において、「二年生に楽しく分かりやすく三年生の学習を伝えるために、グループで話し合おう」という課題を設定しましたが、そのとき、一人の子どもが「楽しいってどういうこと？」とつぶやきました。この発言がきっかけとなり、クラス全体で「楽しいとは何なのか」を考えはじめることになりました。

この単元では、タイミングを見計らって「クラゲチャート」のシートをグループに一枚ずつ配布して、「楽しい」について分析していくことになりました。

「そもそも、三年生で『楽しいってどういうこと？』なんて発言するのかしら」と思われる方もいらっしゃるでしょうが、この発言は、これまでの「思考ツールの学習」において、「クラゲチャート」を使って学習を積み重ねてきたからこそ出るものなのです。「らくらくレベル」や「お手ごろレベル」で「クラゲチャート」を用い、分析するという話し合いを蓄積してきたことで子どもには分析の思考がすでに定着していますので、学習のなかですぐに活用するのです。

それを証明するように、実際の授業では、次のように二年生の立場になって分析するグループも現れています。

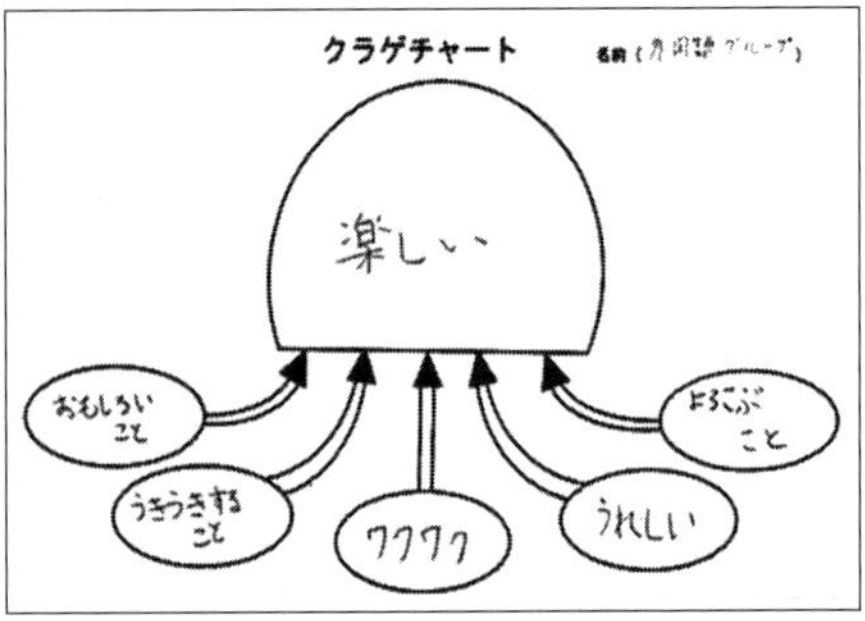

図４－５　クラゲチャート

「この『楽しい』は、『自分たち三年生が楽しい』という意味ではなくて、『教えてもらう二年生が楽しいと』という意味だと思うよ」

さらに、「楽しい＝おもしろいというのは、おかしくて爆笑するという意味にもなるから、『おもしろい』はあまりぴったりきません」と言葉の意味を吟味したり、「『学び合える』という意味もあるのではないかなと思いました。だって、このクラスでもみんなで学び合うから楽しいということがあると思うからです」と、経験を理由にして語った子どもまでいたのです。

私自身の反省ともなりますが、先入観をもって子どもを見ないことです。このように、目的に適した思考ツールを選択し、短時間で展開するショート学習（一九七ページの注参照）で習得・習熟を図っていけば、子どもたちは思考ツールを話し合いの場において、適切かつ有効に活用していくようになるのです。

もちろん、学年によってそのレベルは変わりますが、ここで紹介したのは三年生です。上の学年になるとどうなるのか、ちょっと想像してみてください。たぶん、一般的な会議よりは建設的な話し合いをしていると、驚かれることでしょう。

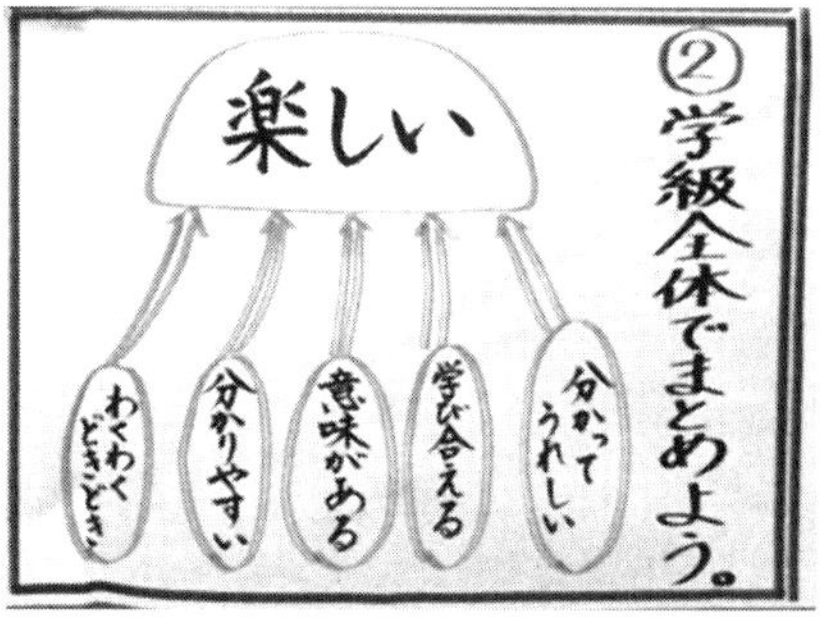

図４－６　クラゲまとめ

読むことを楽しみ、協働的に話し合う力を育てる「コラボ読み読書会」

（山元悦子）

コラボ読みって何？

コラボ読み（collaborative reading）とは、他者と協働して文章を読んでいくという学習活動です。四人程度の子どもがチームをつくり、一人ひとりの解釈を出し合い、広げたり、深めたりして本や文章の意味をつくり出すという活動で、その過程で、読みのスキルや探究的・創造的な読み方を学んでいくという仕組みをもっている学習指導法です。

アメリカの「読者反応理論」の提唱者であるルイーズ・ローゼンブラッド（Louise Rosenblatt, 1904～2005）が、次のように述べています。

> 読むという行為は、読者が文章やほかの読者とやり取りすることによって能動的に意味を形成する。(2)

だとすれば、読む行為は、個人のなかの閉じた活動とともに、それを表出し合う活動によってより確かなものになるはずです。

コラボ読みでは、それぞれが解釈を出し合うことで、より確かな、あるいは発展した解釈が生まれることを目指します。具体的に言えば、本から受け取った内容や意味を友達に対して語り、自分自身の経験を意味づけて説明しようと夢中になる状態です。そんな時間を保障するのがコラボ読みなのです[3]。

このように、コラボ読みは協働して話し合う活動で進められていきます。自分たちから湧き起こった課題について探究し、書かれている文章から想像したことを出し合うなかで、話し合いの価値ややりがいを体験する場としても機能していきます。読書の時間がトピック学習と作用し合い、子どもの話し合う力が伸びていくのです。

さらにコラボ読みは、教師主導の学習ではなく、子どもたちが習得した「読みの方法」を自らが選択して、それを用いながら解釈を創造していくという学習を志向しています。つまり、コラボ読みは、「自立した読み手」を育てることを目標としている指導なのです。

（2）Rosenblatt, Louise M."Chapter Six The Literary Theory Transaction: Evocation and Response" in Rosenblatt, Making *Meaning with Texts:Selected Essays*, Heinemann, 2005 pp.72-88

（3）詳しくは「コラボ読みガイドブック」を参照。https://www.okayama-u.ac.jp/user/fusho/kokugo/kokugowokatarukai/collaboyomi/collabo_guidebook.pdf

子どもたちが主体となって展開されるコラボ読みは、仲間とともに読み合う対話的な学習活動でもあります。本を楽しみながら読み合う活動において、トピック学習と理念を同じくしながら進められていく時間が「コラボ読み読書会」となります。

コラボ読みの進め方

コラボ読みは、「ひとり読み」、「なかま読み」、「みんな読み」、そして「ミニレッスン」で構成されている読書活動です（**図4−7**参照）。

コラボ読みでは、四、五人の仲間とともに読みたい本を選び、「ひとり読み」で浮かんだ話題を出し合って考えていくことになりますので、話題に対する自分の考えをまず書き、話し合いに臨みます。話し合ったあとに感想を一人で書き、それを仲間と共有します。もちろん、話題になったことをクラス全体で共有する時間も設けます。

このサイクルのなかに、適宜ミニレッスンを挟みます。ミニレッスンでは、読む方法（たとえば、付箋を貼って読むなど）を学んだり、盛り上がる話し合いの仕方を学んだりします。ミニレッスンは、必要なときに必要な内容をタイミングよく教え、話し合いの質を高めていくためのものであると認識してください。

それでは、コラボ読みで展開する読書活動の様子を紹介していきましょう。

図4－7　コラボ読みの基本サイクル

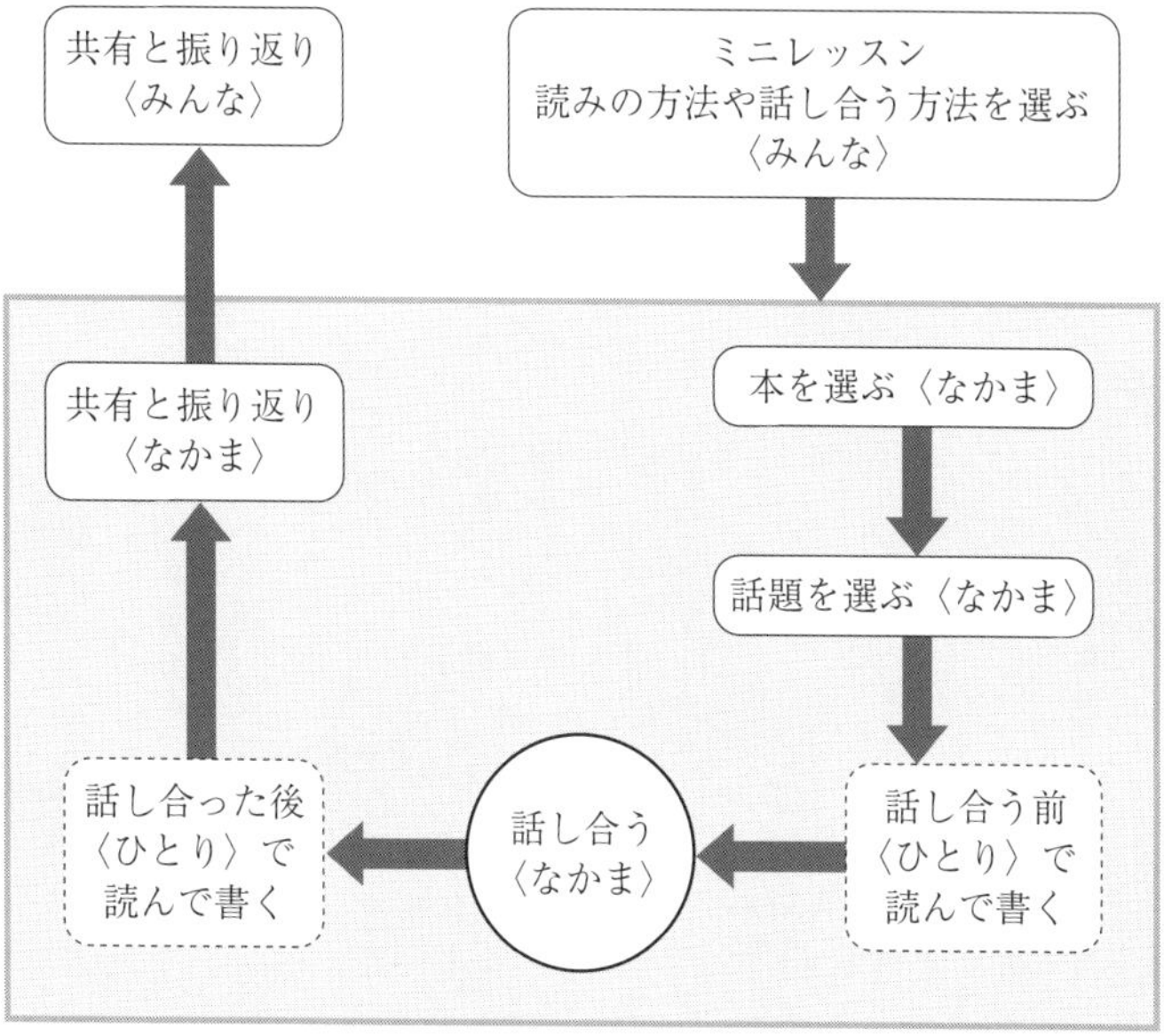

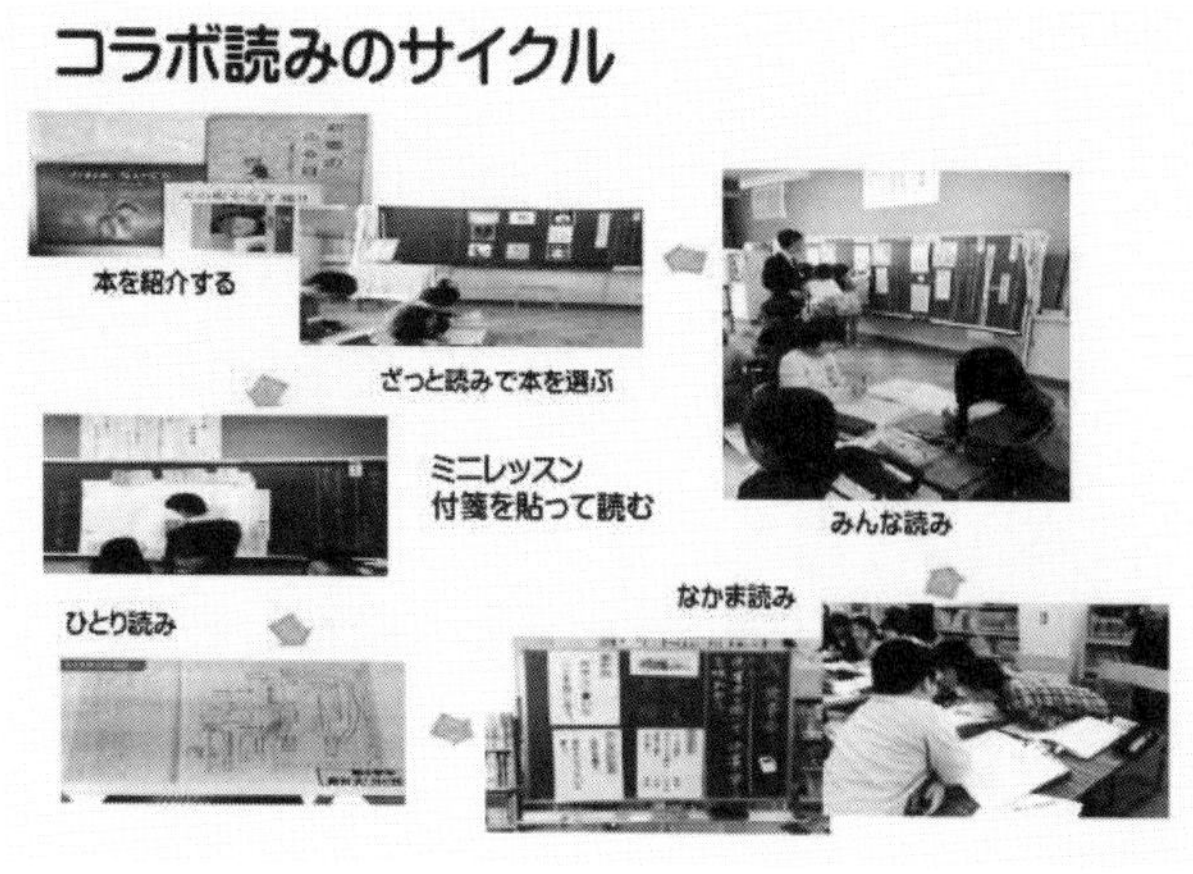

コラボ読みの実際――読書活動の一年間の流れ

一年を通して継続的にコラボ読みを行うわけですが、その間にさまざまな読む方法を蓄積していくほか、話し合い方に関しても習熟していくように導いていく必要があります。ここで紹介する小学四年生の場合、一年間の流れは次のようなものとなります。

第一サイクル　まずはみんなで共通テキスト（教科書教材）を使ってやってみよう！（四月中旬〜下旬・全九時間）

四月、最初の国語の授業で扱う物語教材は、ファンタジー作品の「白いぼうし」（あまんきみこ）です。この教材を使って、読書会の基本である「グループで疑問（問い）を解決する話し合い」を、まずは教員に導かれながらみんなで行います。その後、グループごとに同様の活動を行い、それを全体に報告するというサイクルで実施します。

この次に、自分が読みたい本を選んで、同じ本を選んだ友達とグループをつくり、同じ活動を繰り返します。このように二段階のステップを踏んで、徐々に「ひとり読み」→「なかま読み」→「みんな読み」というサイクルに慣れていきます。

第一サイクルで使用するのは、教科書教材の「白いぼうし」と、同じ著者が書いた「小さなお客さん」、「山ねこ、おことわり」、「本日は雪天なり」、「うんのいい話」、「すずかけ通り三丁目」です。このなかから好きな作品を一つ選んで読んでいきます。これらの作品は「白いぼうし」とともに『車のいろは空のいろ　白いぼうし』（あまんきみこ、ポプラ社文庫、一九七七年）に収録されていますので、同じ本のなかの物語を選んで読むことになります。

このサイクルの学習のねらいは、「**グループで物語の問いや答えをまとめる話し合いをする**」（話し合いに関するもの）と「**ファンタジーを読むことを楽しむ**」（読むことに関するもの）であり、教えたい読む方法は「**物語の不思議を捉える**」となります。

一時間目　初めにすることは、読む本との出合いを演出することとです。まずは五種類のお話をブックトークで紹介し、のちに読みたい本を選んでグループで読み合うということを説明します。

それから、教科書に掲載されている「白いぼうし」を扱って、最初は「みんな読み」を行います。「白いぼうし」を通読し、不思議な感じのするところをみんなで出し合います。そして、子どもたちが一番注目した不思議であった「ちょうちょの正体は誰か」について、グループに分かれて話し合っていきます。

二・三時間目　そのほかに挙がっていたいくつかの不思議について、グループに分かれて話し合います（**なかま読み**）。その後、グループでの話し合いの内容をクラス全体に出し合って、関係づけていきます（**みんな読み**）。

四・五時間目　先に挙げた物語のなかから自分が読みたいものを選び、不思議な感じのするところを見つけます（**ひとり読み**）。

六・七時間目　同じ本を読んだ友達とグループになって、不思議な感じのするところを出し合います（**なかま読み**）。

八・九時間目　グループごとに話し合った「物語の不思議」について発表し、あまんきみこの物語の面白さについて話し合います（**みんな読み**）。

第二サイクル　本の選び方を学び、自分の好きな本でコラボ読み読書会をはじめる（六月下旬から七月上旬・全六時間）

いよいよ、本格的なコラボ読み読書会の開始です。コラボ読み読書会のやり方を示したうえで、それを理解する活動からはじめます。その後、ミニレッスンにおいて、「ひとり読み」や「なかま読み」の方法についてさらに学習します。

第二サイクルで使用するテキストは、推理小説である『少年探偵ブラウン（全五巻）』（ドナルド・ソボル／花輪莞爾訳、偕成社文庫、一九七七年）、『名探偵シャーロックホームズ（10歳までに読みたい世界名作）』（コナン・ドイル／芦辺拓訳、学研プラス、二〇一四年）、『怪人二十面相（少年探偵）』（江戸川乱歩、ポプラ社文庫、二〇〇五年）と、ファンタジー作品である『雪窓』（安房直子、偕成社、二〇〇六年）、『ゆうすげ村の小さな旅館』（茂市久美子、講談社、二〇〇〇年）、『放課後の時間割』（岡田淳、偕成社、一九八〇年）、『ぽっぺん先生の日曜日』（舟崎克彦、岩波少年文庫、二〇〇〇年）です。

このサイクルの学習のねらいは「**互いの考えを受け入れながら問いに対する答えをまとめる**」（話し合いに関するもの）ことと、「**物語のしかけを読み解くことを楽しむ**」（読むことに関するもの）であり、教えたい読む方法は「**推理小説とファンタジーの特徴を知る**」となります。

一時間目　コラボ読み読書会のやり方を説明する。

二時間目　ブックトークを聞き、選書の仕方を学んだあと、先ほど挙げた七冊のなかから読みたい本を選びます。

三時間目　「ひとり読み」の方法をミニレッスンで理解したあと、「ひとり読み」をはじめます。

四時間目　「なかま読み」の方法をミニレッスンで理解したあと、「なかま読み」をはじめます。

五・六時間目　グループの進度に合わせて「なかま読み」を進め、最後に「みんな読み」をします。

第三サイクル　「コラボ読み読書会」に習熟しよう①「主人公について話し合う」（一〇月下旬から一一月上旬・全九時間）

コラボ読み読書会の三回目は、自分と同じぐらいの年齢の主人公の物語を集めました。使用するテキストは、教科書教材である『プラタナスの木』（椎名誠、光村図書）、『つり橋わたれ』（長崎源之助、学校図書三年上）、『かいがら』大石真、光村図書四年上）、『ポレポレ』（西村まり子、学校図書四年上）、『走れ』（村中季衣、東京書籍、四年上）です。

第一サイクルと同じように、まずは教科書に掲載されている物語『プラタナスの木』をみんなで読み、その後、ほかの教科書会社に掲載されている四種類の物語のなかから好きな物語を選んで「コラボ読み読書会」を行います。自分の体験と重ねながら主人公の思いを想像し、仲間と話し合うという読書会です。

その「ねらい」は、「**グループで物語の問いや答えをまとめる話し合いをする**」（話し合いに関するもの）と「**主人公に関して共感したところや疑問をもったことを出し合って解決する**」（読むことに関するもの）であり、「教えたい読む方法」は「**同年代の主人公の物語に親しむ**」となります。

一・二時間目

第一サイクルと同じく、教科書教材である『プラタナスの木』をみんなで読みはじめます。

三時間目　「ひとり読み」をして、共感したところや問いを見つけます。

四時間目　共感したところを中心に、「なかま読み」と「みんな読み」をします。

五・六時間目　問いをもったところを中心に、「なかま読み」と「みんな読み」をします。

七・八時間目　先に挙げた物語は子どもたちと同じ年頃の登場人物が出てくるものですが、そのなかから読みたい物語を選び、「ひとり読み」と「なかま読み」をします。

九時間目　「なかま読み」で解決した問いや、自分の体験を出し合うという「みんな読み」をして学習をまとめます。

第四サイクル　「コラボ読み読書会」に習熟しよう②「作家（安房《あわ》直子）の作風に迫る」（二月下旬から三月上旬・全九時間）

四回目となる「コラボ読み読書会」では、作家の作風に迫ることにしました。児童文学作家である安房直子（一九四三～一九九三）の作品は、国語教科書に『初雪の降る日』が収録されています。このときは、この作品をみんなで読み、その後、好きな安房直子作品を選んで、仲間とコラボ読み読書会を行うことにしました。

使用したテキストは、教科書教材である『初雪の降る日』（偕成社、二〇〇七年）のほか、『きつねの窓』（安房《あわ》直子、ポプラ社、一九七七年）、『雪窓』（安房直子、偕成社、二〇〇六年）、『声の森』（安房直子、偕成社、二〇〇六年）、『うさぎ座の夜』（安房直子、偕成社、二〇〇八年）です。

同じファンタジーなのに、一学期に読んだ、あまんきみこの作品とは雰囲気が違うことに子どもたちも気付いていきました。安房直子作品の読後感を短い言葉で表し、イメージの焦点化を図って話し合ったことが効果を発揮したのだと思われます。

第四サイクルでの「ねらい」は、「**グループで物語の問いや答えをまとめる話し合いをする**」（話し合いに関するもの）と「**複数の安房直子作品を読み比べて、物語の問いを立て、解決する**」（読むことに関するもの）とし、「教えたい読む方法」は「**特定の作家による作品の特徴を捉える**」としました。実際に行われた授業は以下のとおりです。

一時間目　教科書教材「初雪のふる日」と出合い、「安房直子さんの物語について語り合おう」という単元を設定します。

二時間目　教材の「ひとり読み」をして問いを見つけます。

三時間目　「ひとり読み」で浮かんだ問いをめぐって、「なかま読み」で話し合います。

四時間目　「なかま読み」で話題になったことを出し合い、「みんな読み」をします。

五・六時間目　四冊の安房直子作品のなかから読みたいものを選んで「ひとり読み」をし、テキストの読後感を表す短い言葉を「言葉一覧表」（不気味、奇妙・不思議・ぞっとする・もやもやする・こわい・ひきつけられる・ほっとするなど、感じたことを表す手がかりとなる語を示したリスト）から選んだり、自分で考えたりするなかで問いを見つけていきます。

七時間目　それぞれが選んだ作品について、問いをもったところを中心に「なかま読み」をします。

八時間目　選んだ作品の「なかま読み」で話題になったことを出し合い、作品の似ているところについて「みんな読み」をします。

九時間目　四冊の作品を通して感じた安房直子作品の特徴を捉えます。

このような四つのサイクルを通してコラボ読みの進め方に少しずつ習熟し、仲間とともに本を読むことを楽しみ、多様な読み方を獲得していくことを図っていくのです。

実際の活動の姿

前掲した四つのサイクルのうち、一学期の後半に本格的なコラボ読み読書会を開始した「第二サイクル」を取り上げて、実際の読書会の様子を示していきましょう（授業者は山元）。

一時間目　どんな読書会をするの?――スタートは読書会のイメージをもつことから

読書会の進め方を写真のような構造図で示し、「読んで楽しい、話し合って楽しい読書会をしましょう」と働きかけました。

この読書会で扱ったのは、ファンタジーと探偵小説です。四年生では、いろいろなジャンルの本に接し、本の世界を広げられるようになって欲しいと願っています。そこで、この二つのジャンルを選びました。

まずは『つり橋わたれ』（長崎源之助）を、子どもたちがすでに習った『白いぼうし』を思い出してもらいながら少し紹介し、「不思議な感じのするお話、これをファンタジーと言います」と教えます。

次に、『少年探偵ブラウン（1）』（偕成社文庫）に収録されている「テントどろぼう事件」を途中まで音読し、「事件の真相は?」と投げかけ、グループで推理してもらいました。

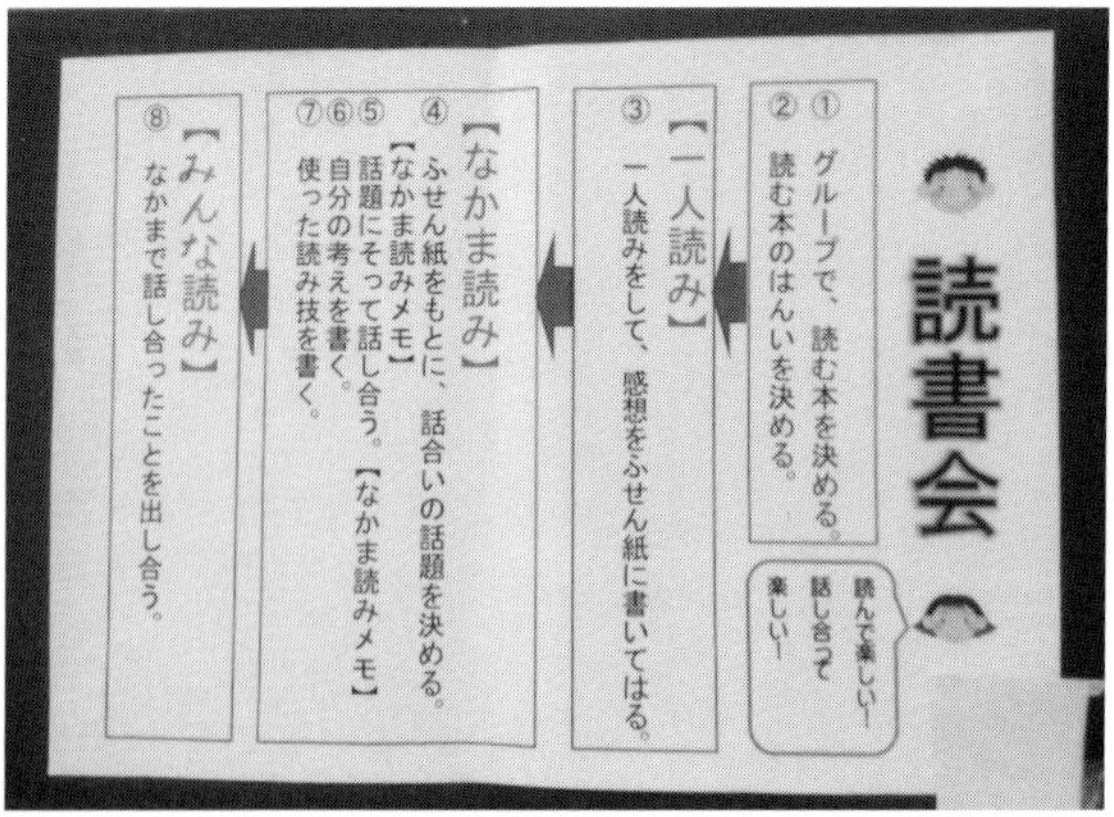

読書会のポスター

ちなみに、この本の最後のページでは、犯人の種明かしが行われています。『少年探偵ブラウン』シリーズは全五巻となっていますが、どの短編も最後のページをめくると犯人が分かるようになっていて、謎解きがしやすく、タイトルも「胃袋パンチ事件」や「花よめのゆうれい事件」など興味をそそるものとなっています。

このように、子どもたちの読みたい気持ちをそそる「不思議」と「謎解き」の本を用意して、「好きな本を友達と読んでみましょう」と投げかけて一時間目は終わりとなりました。

二時間目　ミニレッスンで読み取り技を教える

二時間目は、ミニレッスン（必要なスキルを短時間で焦点化して教える）の時間です。このときに扱ったのは、「付箋を貼りながら読むという読み方」と「書き込みの仕方」についてでした。「すいり小説の読み方を教えます」というねらいのもと、「テントどろぼう事件」（『少年探偵ブラウン（1）』所収）を、「考え聞かせ（think aloud）」を行いながら読んでいきました。

「考え聞かせ」とは、教師が本文を音読しながら、そのときに思い付いたことを声に出して説明するという読み方です。どのようなことを考えて読めばよいのかについて示範できるので、具体的な読書指導の一つとなります。とくに、「読まされている」と思っている子どもたちにとっては、「目から鱗」の読み方となります。

思いついたことをつぶやきながら付箋に短く書いて、黒板に貼られている本文に貼っていきました。また、登場人物を四角で囲んだり、「犯人あて」のヒントになりそうな部分には[ヒ]と書いた付箋を貼ったりしながら、時間や様子が描かれている部分に波線を書き込んでいきました。

このようなお手本を見たあと、今度は子どもたちが実際に「ごきげんな赤ちゃん事件」(『少年探偵ブラウン(1)』所収。最後のページを抜いたもの)を手にし、書き込みや付箋を貼りながらそれぞれが読んでいき(ひとり読み)、そのあと四人ずつのグループで「なかま読み」をします。ここで、「なぜ、ブラウンには犯人が分かったのか」について考え合うのです。

その後、「犯人が分かった」と言う子どもに説明をしてもらい、その後おもむろに、子どもたちに手渡していない最後のページを私が読んで犯人を伝えました。

「なるほど!」とみんなが納得したところで、説明をしてくれた子どもに対して、「どこに書き込みをしたのか」とか「どんなところに付

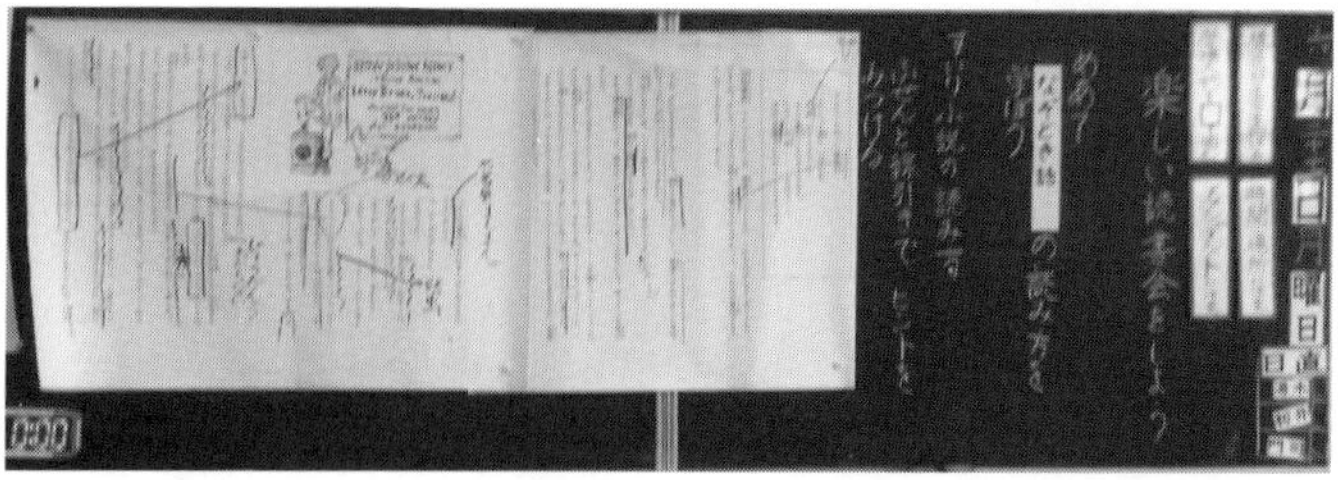

付箋が貼られている黒板

箋を貼ったのか」に関してみんなに伝えてもらいます。つまり、書き込みの勘どころを、友達のやり方から学んでもらうのです。

「あーそうか」と子どもたちが頷く様子を見て、最後にワークシートの「読み取り技」の欄に「付箋を使う、書き込みをしながら読む」と書き留めて二時間目の授業を終えました。

三時間目　ミニレッスン――ざっと読みの方法を知ろう

いよいよ、自分の読みたい本を選ぶ時間です。ここで教えたい読みのスキルは、「たくさんある本にざっと目を通して、自分の読みたい本を決める」というスキルです。このときに用意した本を再掲しておきます。

らくらくレベル

・『雪窓』（安房《あわ》直子、偕成社、二〇〇六年）【ファンタジー】
・『放課後の時間割』（岡田淳、偕成社、一九八〇年）【ファンタジー】
・『名探偵シャーロックホームズ（10歳までに読みたい世

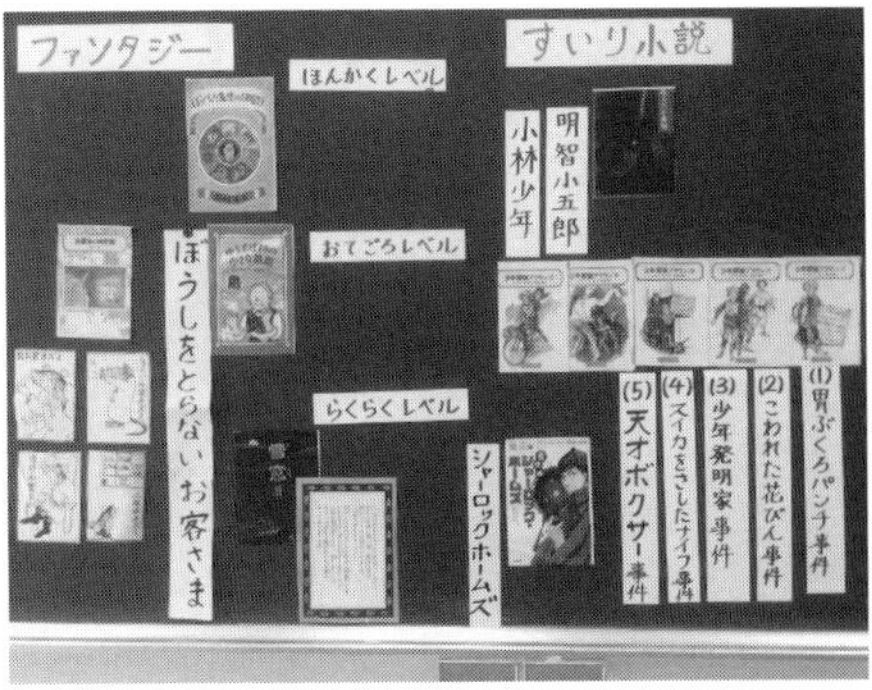

黒板に貼られたリスト

界名作)』コナン・ドイル/芦辺拓編訳、学研プラス、二〇一四年)【推理小説】

お手ごろレベル

・『ゆうすげ村の小さな旅館』(茂市《もいち》久美子、講談社、二〇〇〇年)【ファンタジー】
・『少年探偵ブラウン(1)~(5)』(ドナルド・ソボル/花輪莞爾訳、偕成社文庫、一九七七年)【推理小説】

本格レベル

・『ぽっぺん先生の日曜日』(舟崎克彦、岩波少年文庫、二〇〇〇年)【ファンタジー】
・『怪人二十面相(少年探偵)』(江戸川乱歩、ポプラ社文庫、二〇〇五年)【推理小説】

絵本になっている『雪窓』の袖の部分に書かれている謎めいた言葉を読んだり、推理小説に登場する探偵の名前を紹介したり、『少年探偵ブラウン』の面白そうな短編のタイトルを並べたりしながらブックトークを行い、子どもたちの興味を引き出していきました。

どれも分厚い本ですので、子どもたちが手に余る本かどうかを判断する手がかりとして、「らくらくレベル」、「お手ごろレベル」、「達人レベル」と三つに分けて紹介しました。でも、子どもたちは、「難しい」と言われると、あえて背伸びをして選んでいるように思えました。

そして、「短い時間で本を選ぶにはどうしたらいいだろう?」、と投げかけました。

子どもたちからは、「字が大きいかどうか」、「ページ数」、「さし絵があるかどうか」といった答えが口々に出されました。私はというと、三種類の「一休さん」というタイトルの本を例示し、文字の大きさ、言葉の難しさ、最初のページの読み比べ、そでや裏表紙の案内文を比較するといった形で説明し、以下のような選書の観点を整理しつつ、確認しました。(4)

本を選ぶときの目の付けどころ

・文字の大きさ
・ことばの難しさ
・もくじ
・最初のページ
・そでや裏表紙に書かれている案内文
・さし絵が多いかどうか

(4)『日本名作おはなし絵本　一休さん』(杉山亮著、長野ヒデ子イラスト、小学館、二〇一一年)、『寺村輝夫のとんち話・むかし話　一休さん』(寺村輝夫、あかね書房、一九七六年)、『伝記文庫　一休』(槇本ナナ子、ポプラ社、一九九三年)

子どもたちが読んでいる姿

これが、二回目のミニレッスン「ざっと読みの方法を知ろう」の内容です。

ミニレッスンのあと、「少なくとも三冊は読んでね」と子どもたちに伝え、本を手に取ってもらいました。用意された本を思い思いが手に取り、真剣に読んでいるシーンを想像してみてください。普段の授業ではなかなか見られない光景です。読書会のスタートとしては「まずまず」と言えますが、このような姿を見ていると、このあとに行う話し合いが、実りのある楽しいものになって欲しいという思いが湧き上がってきます。

そのためには、実りある話し合いの仕方について学ぶ必要があります。そこで、次の時間は、話し合いについて考える時間を設けることにしました。

四時間目　ミニレッスン――盛り上がる「なかま読み」になるように話し合いのルールを決めよう

四時間目は、「ざっと読み」で決めた読みたい本を「ひとり読み」する時間となります。と同時に、次の時間からはじまる「なかま読み」の話し合いに関する準備もします。まずは、話し合いのルールを決めるミニレッスンを行いました。

授業前半では、「ひとり読み」をはじめる前に、ファンタジー作品の場合、どこに付箋を貼るのかや書き込みをするのかについて教えていきます。二時間目に教えた推理小説の場合と同じパターンで教えますが、ファンタジーでは、「不思議な感じのするところ」、「面白いところ」、「みんなと話し合ってみたい疑問」に付箋を貼り、書き込んだことを確認してから、子どもたちは「ひとり読み」に入っていきました。

授業の後半は、話し合いを上手に進めるためのミニレッスンを行います。このときのミニレッスンの内容は、「なかま読みの話し合いが盛り上がるにはどうすればよいか。話し合いのルールを決めよう」でした。

盛り上がる話し合いとなるための約束事を出し合います。これまでの、楽しかった・うまくいった話し合いの経験を引き出しながら、子どもたちからできるだけ多くの思いつくものを出してもらいました。その結果、次のようなものが出されました。

・相手の話に感想を返す。
・違う考えを楽しむ。
・意見をつなげて、深めて広げる。
・「いいね」、「さんせい」という言葉を使う。
・整理して進める。
・分かりやすく伝える。

そして、私から以下のことを追加して、「これらのことを念頭に置きながら『なかま読み』をはじめます」と言いました。

・聞いたら反応を返す（同感、ぼくもそう思う）
・柔らかい反論をする（こうだと思うんだけど、どう？）

これらは、話し合いに関するメタ認知を促す働きかけです。「コラボ読み読書会」は、読書を楽しむ習慣を身につけ、読むための「技」を獲得して読む力を育てることを目的としていますが、子どもたちの話し合う力を育てる場としても活用していくことをねらっています。ここで言う「話し合い」とは、問題解決的なものではなく、意見の出し合いを楽しみ、考えを豊かにしていく話し合いです。このような話し合いを実現するためには何に気を付けるべきかについて、子どもたちの意識を向けることが大切となります。ミニレッスンは、そのために行うものなのです。

五・六時間目　「なかま読み」スタート

グループでの小さな話し合いを何度か行ってきた子どもたちですが、ここで初めて、本格的な「なかま読み」がはじまります。同じ本を選んだ子どもたちが、グループになって話し合いをするわけです。その進め方は次のようになります。

・読む範囲を決める。
・付箋や書き込みをしたところ、疑問に思ったことを出し合い、それぞれの考えを聞き合う。
・出し尽くしたら、次の場面へ進む。

そして、「読書記録」を書くという作業もはじめます。読書記録には、話し合いのときのメモや、授業の終わりには感想を書き、「みんな読み」で見つけた「読みの技」を書き留めていきます。それぞれのグループでは、どのような話し合いが行われたのでしょうか。子どもたちが書いた読書記録の記述からたどってみましょう。

『名探偵シャーロックホームズ』グループで「ノーウッドの怪事件」を読んだときの話し合いの様子を、Bさんは次のように記録しています。

推理の手がかり：顔が関係。Mさんの意見で、「なんでオールディーカーの死体を最初に調べなかったのか」という疑問で、私は「マクファーレンが、オールディーカーを殺したというぬれ衣を晴らすのを一番に考えていたから、あとで調べたんだと思う」といったら、Mさんも納得してくれてよかったです。（「　」は筆者が付けた）

推理の手がかりを意識していることがうかがえます。また、仲間の疑問を解決し合うこのようなやり取りによって深い読み方を学んでいくことになりますし、著者が意図していることを探る読み方も身についていきます。とくに、自分の考えを受け止めてもらえた喜びが書かれているところが「なかま読み」のよいところと言えるでしょう。

一方、「少年探偵ブラウン（1）」グループで「こぼれたペンキ」を読んだときの話し合いの様子を、Cさんが次のように記録していました。

はじめは歩いていたけど、ひったくりを見て怖くなり、走っていってそこでペンキのあとが細くなったと考えた。

Tさんが考えたことがジャストミート！　すごく盛り上がりました。

Tさんの推理があたって嬉しかったです。あと不思議に思ったことをヒントにすればよいことに気づきました。

Cさんは、推理小説の読み方に気付いたようです。また、推理が当たって、話し合いが大変盛り上がったことについて楽しく振り返っています。このような体験が理由で、推理小説にはまっていく子どもが多いものです。私もその一人でした。

次は、『放課後の時間割』グループが「手の中のものなあんだ」を読んだときの様子です。子どもたちのなかから「なんで井上さんは、女の子に声をかけられたのか」という疑問が挙がっていました。すると、ある子どもが、「女の子の洋服が黄色、菜の花も黄色だから関係あるのか」という自分の考えを発言したのです。

「白いぼうし」で行った、女の子の正体は何かを追究した学習の効果でしょうか、色の表現を手がかりにして、暗示的に表されていることを読み取ろうとしています。このような姿を見る瞬間、教師冥利に尽きます。

『ゆうすげ村の小さな旅館』グループはどうでしょうか。この本は短編集で、一二編の短編が掲載されています。「なかま読み」のなかで目次を眺めていたA君が、「あれっ、これ見て！　お話が順番に並んでる！」と言って友達に知らせていました。そして、読書記録に次のように書いたのです。

──ゆうすげ村に入っている短編集の題は、月が変わるごとに並んでいる。

目次を見ると、「天の川のたんざく」、「ゆうすげ平の盆踊り」、「干し柿」、「お正月さんのぽち袋」、「七草」と、確かに季節の流れに沿って物語が配置されています。短編集に収録されている作品の配列意図を発見し、仲間と共有し合っている様子が十分にうかがえます。子どもたちの「気付き」の凄さ、お分かりになりますか？　義務的に読んでいると大人でも気付かないことを子どもたちは感じ取るのです。

最後のグループです。『ぽっぺん先生の日曜日』グループは、女の子ばかりの四人です。次のような話題で話し合っていました。

話題：うっとりするほどのおんちとはどういうことか。

私たちは「ぽっぺん先生の日曜日」の「うっとりするほどのおんち」という文の意味を考えました。私はうっとりするほどのおんちと書いてあったから、ジャイアンみたいにものすごい汚いと思いました。Hさんが「ほど」に注目していて驚きました。最後によっぱらいみたいという意見が出たので、軽く歌ってみました。とっても楽しかったです。

この本を読まれた方ならお分かりでしょう。「なぞなぞの本」のなかに入り込んでしまった「ぽっぺん先生」は、その謎を解かなければ外に出られません。ところが、その謎解きときたら、トンチやヘリクツばかりという内容です。

この読書記録からは、そんなお話に掲載されている表現のユーモアと妙を味わい、場面を想像しながら仲間で楽しんで読んでいる様子が伝わってきます。『ぽっぺん先生の日曜日』の魅力を自分たちで見つけ、仲間で楽しんでいる姿はほほ笑ましく、読むことを楽しむとはこのような姿を指すのだと、しみじみ実感してしまいました。

このように、話題になった内容は選んだ本によってさまざまですが、好きな本を選んで、謎解きをしたり表現を楽しむことで、仲間とともにお互いの考えを受け止め合いながら話し合うという楽しさを体得していったようです。

コラボ読みのよさ

コラボ読みは、協働して話し合うなかで湧き起こった課題について、それぞれの解釈を出し合い、読みを深めて発展させていくという読書活動です。また、その過程で話し合いの価値ややりがいを体得するといったことをねらいとした活動でもあります。

では、このような実践を通して、いったいどのような「読みの力」や「話し合いの力」が伸びていったのでしょうか。それらについて、子どもたちが書いた読書記録やアンケートから検証してみましょう。

「みんな読み」の紹介交流（一斉学習）後、子どもに自覚された読み技・話し技

コラボ読みの時間を通して子どものなかで自覚され、獲得されていった「読み方」や望ましい「話し方」は次のようなものでした（［　］は山元による補足）。

読み技――人物像、時間の移り変わりや場所に気を付けて読む。ゆっくり読んで付箋をたくさん貼る。人物の特徴に注意。どこかにキーワードがないか気を付けた。ナビのページを使って読んだ。挿し絵から読み取る。図から読み取る。気になっている前の行を読む。不思議に思ったことをヒントにする。大切なところを抜き出す。ほかの話［「まだらのひも」］と比べて読む。「ざっと読み」をする。

読み技は、「みんな読み」の時間に子どもたちの発言のなかから教師が見つけて取り出したものです。こうすると子どもたちは、無意識にやっていた読み方を「方法知」として意識するようになりますし、このあと、自覚して使うようにもなるでしょう。

「コラボ読み読書会」では、国語教科書の教材だけ読んでいては獲得できないような、ジャンルの特性に応じた、しかも丸ごと本を読まなければ気付かないような具体的な方法知が身につくと

ころを利点として挙げることができます。

話し技――「あーなるほど」を言えば盛り上がる。納得し合う。つなぎ発言をする。**違うところを見つけて比べる。反応する。キーワードで話す。問いと答え**［で考える］。**気付いたことを言う。**

（［　］内は筆者）

これらは、話し合いに関するミニレッスンで学んだことが半分で、残りの半分は、子どもたち自身が気付いたものです（強調文字部分）。これらの「技」を体得した子どもたち、さらに質の高い話し合いをしながら読書を楽しむようになると期待できます。

アンケートから見えてくること

最終アンケートの結果、三五名中二名の子ども以外は、この学習に楽しさを感じていました。二名は、欠席したため、話し合う範囲の部分を読んでいなかったことが理由で、「あまり楽しくなかった」と感じたようです。三三名の子どもが楽しさを感じた理由は以下の四つでした。

❶自己選択の余地があること。

❷たくさんの本が用意された豊かさ。

❸自分たちから生まれた疑問を追究したり、謎を推理して解決するという話し合い活動であったこと。
❹文章や挿絵にヒントを求めながら、付箋を貼って読むという新しい読み方に出合ったこと。

これら以外にも、推理小説とファンタジーという、謎解きと不思議に満ちたジャンルを選んだことが効果を発揮したのではないかと思われます。

中学年では、さまざまなジャンルへと読書の幅を広げることが求められます。コラボ読みによって子どもたちは、伏線やトリックを注意深く読み、想像を膨らませて物語を楽しむという読み方を体験したわけですが、教師の意図（読書のジャンルを広げる）と子どもたちの興味をすり合わせた選書がコラボ読みでは重要となります。「コラボ読み読書会」の選書における成否の鍵は、教師がさまざまなジャンルの児童文学を普段から読んでいるかどうかにかかってきます。

さらに、線引きをしたり、付箋を貼りながら読む方法を教えたこと、そして盛り上がる話し合いにするための方法を明示したり、意識づけのミニレッスンをしたことも効果的であったと判断できます。それを証明するように、アンケートのなかには、「盛り上がった」（四名）という答えのほか、「すごく楽しかったです。それはみんなで、『あれじゃない？』、『これが関係してない？』、『これから分かるよ』、『確かに』、『納得』、『同じで』と盛り上がったから」といった、ミニレッスンで教えた内容の記述もありました。

コラボ読みは読む方法の習熟と話し合うことへの前向きな姿勢を養う

コラボ読みは、協働的な話し合いのマナーを教え、定着させるよい機会でもありました。「話し合って疑問が解決した」、「面白かった」、「盛り上がった」という体験が、話し合いに対する積極的な態度や意欲の形成につながったと考えられます。

年間を通してコラボ読みを継続することが、教科書を通して学んだ読み方を活用する場となり、さらに話し合う力を伸ばしていく機会として有効になると思われます。

ここでは、さまざまな読み方を紹介してきました。「すでにやっているよ！」と言われる方が多いことを願っているわけですが、筆者が知るかぎり、教科書教材の読解に終始した「読む」ことの指導にとどまっている状態が多いように見受けられます。

そのような状態が日常となっているのであれば、「読書を楽しむ」という子どもたちの姿は期待できないでしょう。なぜなら、教科書教材を読む学習が読書推進活動につながっていないからです。

言うまでもなく、読書は小学校の間だけするものではありません。中学、高校、大学へと進み、社会人になってからも必要とされるものです。読書をすることで質のよい情報を身につけ、それをもとにした周りの人々との話し合いほど、豊かな社会空間はありません。事実、社会人になってからも「ブッククラブ」という形で多くの方々が読書を楽しんでいるのです。

本書で紹介したさまざまな「話し合い」と「読書」のスタイルが、閉塞感漂う現在の社会を変えることになるかもしれないと私たちは信じています。そのための土台づくりを、一年生から行っているのです。本書を参考にしていただき、「国語の時間が待ち遠しい」とか「本を読むのは楽しい」と子どもたちが話す姿が見られる「授業づくり」にチャレンジしてみませんか。

あとがき

会議という名の説明会、協議という名の報告会……。読めば分かることが延々と説明されたり、すでに結論は裏で取り決められていたり……。学校における職員会議でも、創造的な話し合いはほとんどと言ってよいほど行われていません。どうやら、教師でも話し合いを苦手としている人が多いようです。なぜなのでしょうか。その理由の一つとして、教師も学校教育において「話し合い」に関する授業をほとんど受けたことがなく、理想とする話し合いの授業に対するイメージが湧かないということが挙げられるでしょう。

しかし、現在の社会では、多様な価値観をもつ他者と話し合って問題を解決する力が求められています。「**周りの人と親和的、協働的、創造的に話し合い、さまざまな問題に向き合って欲しい**」という願いをもち続け、「話し合い」を中心とした国語科の授業づくりに、足掛け七年にわたって取り組んできました。

本書を上梓するにあたり、子どもたちの話し合いの音声を繰り返し聞き、授業の映像、記述物を何度も見直しました。「話し合いを学べば確かな力が付く」ということを示してくれた子どもたちに、最大限の感謝の気持ちを表したいと思います。本書の学習に臨んだ子どもたちは、未来の日本を支える宝です。

そして、「生き生きと話し合う子どもたちを育てたい。学校における話し合いの授業を変えたい」という私の思いを受け止め、ともに授業開発に取り組んでくださり、成果を価値づけ、体系化してくださったのが、コミュニケーション研究の先駆者である山元教授です。本書は、実践者と研究者が、まさしく親和的、協働的、創造的に話し合い、組み上げていった実践記録と言えます。実践者を尊重し、子どもたちのために心血を注いでくださる山元教授の研究姿勢は、現在の私が目指すべきものでもあります。本当にありがとうございました。

また、本書の実践の土台を築いてくださった松中保明氏、二人の共同研究を快く受け入れてくださった附属小倉小学校副校長の藏内保明氏、成重純一氏、船瀬安仁氏、広島大学附属小学校校長の間瀬茂夫教授のご厚意に感謝いたします。どうもありがとうございました。

最後に、読者のみなさんに本書の実践が目に浮かび、授業のストーリーが見えるよう、出版に至るまで丁寧に導いてくれた株式会社新評論の武市一幸さんに心よりお礼を申し上げます。

二〇二四年二月

廣口知世

付記　本書の内容は、左記の論文に大幅な加筆修正を加えたものです。

・山元悦子・廣口知世（二〇二三）「言語コミュニケーション能力を育て、主体的・協働的学びのカリキュラムをデザインするトピック学習の試み――小学一年生の国語学習を核として」『福岡教育大学紀要』第72号、第一分冊

・山元悦子・廣口知世（二〇一七）「言語コミュニケーション能力を育て、主体的・協働的学びのカリキュラムをデザインするトピック学習の試み――小学二年生の国語学習を核として」『福岡教育大学紀要』第66号、第一分冊

・山元悦子・廣口知世（二〇一九）「言語コミュニケーション能力を育て、主体的・協働的学びのカリキュラムをデザインするトピック学習の試み――小学三年生の国語学習を核として」『福岡教育大学紀要』第68号、第一分冊

・山元悦子・廣口知世（二〇一八）「言語コミュニケーション能力を育て、主体的・協働的学びのカリキュラムをデザインするトピック学習の試み――小学四年生の国語学習を核として」『福岡教育大学紀要』第67号、第一分冊

・山元悦子・廣口知世（二〇二二）「創造的話合い能力を育て、主体的・協働的学びのカリキュラムをデザインするトピック学習の試み――小学五年生の国語学習を核として」『福岡教育大学教育学部紀要』第71号、第一分冊
・山元悦子・廣口知世（二〇二〇）「言語コミュニケーションを育て、主体的・協働的学びのカリキュラムをデザインするトピック学習の試み――小学六年生の国語学習を核として」『福岡教育大学教育学部紀要』第69号、第一分冊

著者紹介

廣口知世（ひろぐち・ともよ）

1983年生まれ。京都ノートルダム女子大学講師。修士（教育学）

北九州市立小学校教諭（2006年４月から）。福岡教育大学附属小倉小学校教諭（2014年４月から）。福岡教育大学附属小学校在籍中、福岡教育大学大学院教育学研究科教育科学専攻教科教育創造コースに進学（2018年）、同上修了（2021）。広島大学附属小学校教諭（2020年４月から）を経て、2022年より現職。山元悦子氏と共同研究を続けてきた。

分担執筆として、『シリーズ国語授業づくり話す・聞く伝え合うコミュニケーション力』「第４章中学年」（東洋館出版、2017年）などがある。

山元悦子（やまもと・えつこ）

1962年生まれ。福岡教育大学教授。博士（教育学）

広島大学大学院教育学研究科博士課程前期教科教育学（国語科教育）専攻終了（1987年）。広島大学大学院教育学研究科博士課程後期教科教育学（国語科教育）専攻に進学し、同上退学（1989年）。四国学院大学非常勤講師を経て、1993年より現職。廣口知世氏と共同研究を続けてきた。

単著として『発達モデルに依拠した言語コミュニケーション能力育成のための実践開発と評価』（渓水社、2016年）、共著として『共生時代の対話能力を育てる国語教育』（明治図書、1997年）などがある。

トピック学習で話し合う力を育てる

――子どもたちとつくり上げた６年間の軌跡――

（検印廃止）

2024年４月10日　初版第１刷発行

著者　廣口知世
　　　山元悦子

発行者　武市一幸

発行所　株式会社 新評論

〒169-0051 東京都新宿区西早稲田 3-16-28

電話　03(3202)7391

振替・00160-1-113487

印刷　フォレスト

製本　中永製本所

装丁　星野文子

ISBN978-4-7948-1262-9

新評論　好評既刊　　あたらしい教育を考える本

P・ジョンストン・K・シャンポー／A・ハートウィグ／S・ヘルマー／M・コマール／T・クルーガー／L・マカーシー／M・クリスチャンソン＋吉田新一郎 訳

国語の未来は「本づくり」

子どもの主体性と社会性を大切にする授業とは？

読まされる・書かされる授業から「子ども自身が作家となって書きたいものを書き、本にする」授業へ！米国発国語教育の最前線。

四六並製　282 頁　2640 円　　ISBN978-4-7948-1196-7

S・ボス＋J・ラーマー／池田匡史・吉田新一郎 訳

プロジェクト学習とは

地域や世界につながる教室

生徒と教師が共に学習計画を立て、何をどう学ぶかを決めていく。人生や社会の課題解決を見据えた学び方の新たなスタンダード。

四六並製　384 頁　2970 円　　ISBN978-4-7948-1182-0

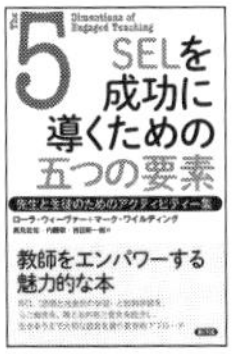

L・ウィーヴァー＋M・ワイルディング／高見佐知・内藤翠・吉田新一郎 訳

SEL を成功に導くための五つの要素

先生と生徒のためのアクティビティー集

「心理的安全性」が確保された学びのコミュニティを目指すすべての先生へ。SEL と教科学習を統合する最新アプローチ。

四六並製　412 頁　3300 円　　ISBN978-4-7948-1244-5

ダン・ロススタイン＋ルース・サンタナ／吉田新一郎 訳

たった一つを変えるだけ

クラスも教師も自立する「質問づくり」

質問をすることは、人間がもっている最も重要な知的ツール。大切な質問づくりのスキルが容易に身につけられる方法を紹介！

四六並製　292 頁　2640 円　　ISBN978-4-7948-1016-8

マリリー・スプレンガー／大内朋子・吉田新一郎　訳

感情と社会性を育む学び（SEL）

子どもの、今と将来が変わる

認知（知識）的な学びに偏った学習から、感情と社会性を重視する学習へ！米国発・脳科学の知見に基づく最新教授法のエッセンス。

四六並製　302 頁　2640 円　　ISBN978-4-7948-1205-6

＊表示価格はすべて税込み価格です